ऊर्जा संरक्षण एवं अक्षय ऊर्जा

ENERGY CONSERVATION AND RENEWABLE ENERGY

रनवीर सिंह (तोमर)

ISBN 979-888555013-0

ऊर्जा क्षेत्र से सम्बन्धित समस्त मानव जो अपनी सेवाएं किसी न किसी रूप में दे रहे हैं और ऊर्जा का उपभोग आवश्यकतानुसार एवं उपयोगितानुसार करते समय ऊर्जा के संरक्षण में अपनी भूमिका किसी न किसी रूप में निभाने वाले समस्त मानव तथा प्रकृति के द्वारा प्रदत्त अक्षय ऊर्जा (रिनुएबिल एनर्जी) स्रोतों का यथोचित सदुपयोग करने वाली मानव जाति को समर्पित । जैसे विटामिन डी की टेबलेट एक बाजार से खरीद कर उपयोग की जाती है जिसका कुछ न कुछ मूल्य चुकाना पड़ता है, वह विटामिन डी की खुराक केवल प्रात: काल बेला में सूर्य के सामने बैठने (धूप) से निशुल्क मिल जाती है ।

क्रम-सूची

प्रस्तावना vii

1. ऊर्जा संरक्षण - विचार मंथन 1

2. सरकार की पहल एवं बीईई – 4

3. Mop- मिनसट्री ऑफ पावर – शक्ति मंत्रालय– 6

4. बीईई (bee) – एनर्जी मेनेजर व एनर्जी ऑडिटर– 7

5. राष्ट्रीय ऊर्जा संरक्षण पुरस्कार योजना– 9

6. बिजली औरबीईई (bee) मंत्रालय के डीएसएम(dsm)कार्यक्रम – 10

7. ऊर्जा – संरक्षण – (एनर्जी कंजर्वेशन) – एक विचार 12

8. भवनों में ऊर्जा दक्षता– 18

9. डिस्कोम अनुभव - 19

10. स्कूलों और सामान्य सार्वजनिक क्षेत्रों में ऊर्जा संरक्षण– 21

11. घरेलू क्षेत्र: - 23

12. ऊर्जा संरक्षण अधिनियम – 2001– 25

13. बचत लैंम्प योजना - 27

14. कृषि – सेक्टर– 28

15. म्युनिसिपलक्षेत्र में डीएसएम (dsm) 30

16. राज्य नामित एजेंसी (sda– स्टेट डेजीनेटिड एजेंसी) एवं इलेक्ट्रिक 31
यूटिलिटीज़ (विद्युत उपयोगिता संस्थाएं)–

17. ऊर्जा बचाने के कुछ सरल उपाय – 33

18. पावर केपेसिटर – लाभ/फायदा – 36

19. ऊर्जा संरक्षण मुहावरे – 39

20. अक्षय ऊर्जा (रिनुएबिल एनर्जी – नवकरणीय ऊर्जा) 41

21. सौर ऊर्जा (सोलर एनर्जी) –नवकरणीय ऊर्जा (रिनुएबिल एनर्जी) - 43

22. पवन ऊर्जा, जैविक ऊर्जा 47

23. ज्वारीय ऊर्जा, भूगर्भीय ऊर्जा 48

24. सौर (सोलर) पम्प - 50

क्रम-सूची

25. सौर पैसिव भवन –   51

26. सोलर कुकर –   55

27. सौर जल तापक (सोलर वाटर हीटर) –   57

28. भारत सरकार मंत्रालय – एमएनआरई   59

29. हाइड्रोजन एनर्जी –   66

30. विद्युत दुर्घटनाएँ रोकने के उपाय –   70

31. कैसे करें ऊर्जाखपत (गणना) बचत का आंकलन -   72

32. विद्युत् व्यवस्था – कम पावर फैक्टर (पीएफ) से नुकसान –   74

लेखक परिचय –   75

प्रस्तावना

ऊर्जा संरक्षण एवं अक्षय ऊर्जा

प्रस्तावना

ऊर्जा संरक्षण एवं अक्षय ऊर्जा विषय में ऊर्जा, संरक्षण और अक्षय शब्द मुख्य हैं. पहले इन पर चर्चा करते हैं .

ऊर्जा – किसी भी गतिशील या विशेष स्थिति में स्थिर वस्तु के कार्य करने की सम्पूर्ण क्षमता को उस वस्तु की ऊर्जा कहते हैं । ऊर्जा के अनेक रूप हैं जैसे – यांत्रिक ऊर्जा (मैकेनीकल एनर्जी), गतिज (काइनाइटिक) ऊर्जा, स्थितिज (पोटेंशियल) ऊर्जा, ऊष्मीय (थरमल) ऊर्जा, प्रकाश (लाइट) ऊर्जा, चुम्बकीय (मैंगनेटिक) ऊर्जा, विद्युत (इलेक्ट्रीकल) ऊर्जा, ध्वनि (साउंड) ऊर्जा, रासायनिक (केमीकल) ऊर्जा, नाभिकीय (न्यूक्लीयर) ऊर्जा, सौर (सोलर) ऊर्जा, पवन (विंड) ऊर्जा, जैविक (बायो मास) ऊर्जा, ज्वारीय (टाइडल) ऊर्जा, भूगर्भीय (जियो थरमल) ऊर्जा, सुप्त ऊर्जा, जाग्रत ऊर्जा, मानवीय ऊर्जा आदि । इन्हें मुख्यत: भागों में विभाजित किया जाता है दो - -

1 – परम्परागत ऊर्जा स्रोत (कन्वेंशनल सोर्स ऑफ़ एनर्जी) या क्षय ऊर्जा स्रोत (नॉन रिनुएबिल सोर्स ऑफ़ एनर्जी)

2 – गैर परम्परागत ऊर्जा स्रोत (नॉन कन्वेंशनल सोर्स ऑफ़ एनर्जी) या अक्षय ऊर्जा स्रोत (रिनुएबिल सोर्स ऑफ़ एनर्जी)

विद्युत् क्षेत्र में ऊर्जा को अंग्रेजी में एनर्जी (Energy) कहते हैं . विद्युत् क्षेत्र में ऊर्जा का मापन ऊर्जा उपयोग (खपत) कहलाता है जिसे साधारण भाषा में यूनिट कहते हैं . एक यूनिट ऊर्जा का आशय है एक किलोवाट भार (लोड) या शक्ति (पावर - Power) को एक घंटे उपयोग करना और इस उपयोग में जो ऊर्जा उपयोग (खपत) हुई उसे एक यूनिट कहते हैं . एक 100 वाट का उपकरण यदि 10 घंटे उपयोग करते हैं तब 1000 वाट आवर हुए इसे ही एक किलोवाट आवर कहते हैं, यही एक यूनिट ख़पत हुई . जितनी अधिक ख़पत उतना अधिक ऊर्जा उपयोग .

संरक्षण - आज की स्थिति में विद्युत का उपयोग हर क्षेत्र में हो रहा है . तब साधारण सी बात आती है जिसका अधिक उपयोग वह अधिक मात्रा में उपलब्ध होना जरुरी है . परन्तु ऊर्जा श्रोत भी निश्चित हैं उनके अधिक उपयोग से एक न एक दिन ऊर्जा की कमी आएगी और खपत कम करनी होगी और यदि खपत कम नहीं करते तो ऊर्जा स्रोत बढाने होंगे जो इतना आसान काम नहीं है . दोनों ही स्थिति उपभोग कर्ता के लिए हितकर नहीं हैं . तब एक हल यह भी है कि ऊर्जा का संरक्षण किया जाय, इससे यह अर्थ हुआ कि उपभोग कम किया जाय . उपभोग आवश्यकता और उपयोगिता पर निर्भर करता है . यह भी उचित नहीं है क्योंकि विकास की गति रुक जाएगी . अत: ऊर्जा संरक्षण का आशय यह है कि गैर परम्परागत (अक्षय) ऊर्जा स्रोतों का अधिक से अधिक उपयोग किया जाए .

परम्परागत ऊर्जा स्रोत या क्षय ऊर्जा स्रोत –

भूमि के अन्दर पाये जाने वाले वे पदार्थ हैं जिनमें कार्बन और हाइड्रोकार्बन हैं । इन पदार्थों को जीवाश्म (फोसिल)कहते हैं । कोयला, तेल, प्राकृतिक गैस आदि जीवाश्म हैं । नाभिकीय ऊर्जा को भी परम्परागत ऊर्जा मानते हैं, यह यूरेनियम से प्राप्त होती है । विश्व की ऊर्जा आपूर्ति जीवाश्म ईंधन से होती है .

परम्परागत ऊर्जा स्रोत तेजी से घट रहे हैं और निरन्तर बढ़ते उपभोग से समाप्त होने की संभावना है, साथ ही कोयले के अधिक उपयोग से होने वाले प्रदूषण भी एक गंभीर समस्या है । नाभिकीय ऊर्जा के लिए उच्च तकनीकी की आवश्यकता होती है तथा उसके रेडियो धर्मी सक्रिय व्यर्थ पदार्थ के उपभोग की समस्या आती है । अत; ऊर्जा की मांग की पूर्ति के लिए भविष्य में –

ऊर्जा के गैर परम्परागत स्रोतों (अक्षय स्रोतों) का उपयोग करना पडेगा, क्योंकि -

देश में ऊर्जा की खपत निरन्तर बढ़ रही है जो मुख्यत: जीवाश्म (फोसिल) के स्रोत - कोयला, तेल और गैस की उपलब्धता पर निर्भर है । इसके लगातार उपयोग से निश्चित रूप से इनकी उपलब्दधता में कमी आएगी ।

1. तेल और गैस का बढ़ती कीमतों से विदेशी मुद्रा विनियमन प्रभावित होगी ।
2. राष्ट्रीय अर्थव्यवस्था की वृद्धि में भी कमी आएगी ।
3. लगातार बढ़ते फोसिल फ्यूल के उपयोग से पर्यावरण की गंभीर समस्याएँ भी आएंगी ।
4. गैर परम्परागत (नॉन कनवेशनल) ऊर्जा स्रोत अक्षय स्रोत (रिनुएबिल) एवं पर्यावरण अनुकूल हैं

अत: ऊर्जा संरक्षण के लिए ठोस कदम उठाने होंगे ।

ऊर्जा के गैर परम्परागत स्रोत जीवाश्म (फोसिल) नहीं हैं, यह स्रोत प्राय: भूमि के ऊपर, अन्दर दोनों हैं । ऊर्जा के अक्षय स्रोत प्रकृति में निरन्तर उपलब्ध रहते हैं, कभी समाप्त/खर्च नहीं होते हैं । जैसे - लकड़ी जंगल से काटकर जलाने के लिए उपयोग की जाती है तो जंगल में पुन: पेड़ लगाकर पैदा की जाती है । इस तरह लकड़ी खत्म नहीं होती है, बशर्ते वृक्षारोपण न किया जावे । इसमें मुख्यत: सूर्य ऊर्जा, जल प्रपात, पवन ऊर्जा, कृषि एवं जानवरों के अपशिष्ट (वेस्ट) एवं जैविक (बायो मास) खाद, गोबर गैस, ज्वारीय ऊर्जा, भूमि ऊष्मीय ऊर्जा स्रोत आदि गैर परम्परागत ऊर्जा स्रोत कहलाते है .

ऊर्जा संरक्षण के नियम अनुसार ऊर्जा न तो उत्पन्न की जाती है और न ही नष्ट की जा सकती, केवल अवस्था परिवर्तन हो सकती है । एनर्जी नाइदर केन बी प्रोड्यूस्ड नॉर केन बी कंजर्वड,इट केन बी कन्वर्टेड फ्रोम वन स्टेट टू एनदर स्टेट ।

वेद वाक्य "ब्रह्म सत्यं जगत मिथ्या, वैज्ञानिक सूत्र –" ई = एम सी स्क्वायर " तथा रामचरित मानस की यह चौपाई –""सकल पदारथ हैं जग माहीं ";" परिवर्तन ही जीवन है "

(चेंज इज लाइफ), श्रीमद भगवत गीता में गीता सार - " आत्मा अमर है, आदि ऊर्जा अक्षय स्रोत को ही प्रदर्शित करते हैं ।

ऊर्जा संरक्षण (एनर्जी कंजर्वेशन) –

ऊर्जा संरक्षण का विचार प्रायः यह नहीं है कि आवश्यकता में कमी की जावे, और न उपयोगिता को कम किया जावे । सामान्यतः ऊर्जा संरक्षण का विचार किसी भी तरीके से ऊर्जा के दुरुपयोग को रोकना, ऊर्जा बर्वाद न करना है ।

इसके लिए -

- ऊर्जा संरक्षण हाल के वर्षों में राष्ट्रीय आर्थिक एजेंडे में केंद्रीय मुद्दों में आवश्यकता से एक के रूप में उभरा है।
- वर्तमान स्तर से ऊर्जा की खपत में 20 - 25 प्रतिशत की कमी विभिन्न क्षेत्रों में सम्भव है, ऊर्जा के अंतिम उपयोग के लाभों के बिना।
- ऊर्जा संरक्षण भी ऊर्जा उत्पादन और बेकार खपत, जैसे कार्बन डाइऑक्साइड (CO2) और अन्य प्रदूषकों के उत्सर्जन और पर्यावरण को नुकसान और नुकसान को कम करने के परिणाम स्वरूप होने वाली जबरदस्त सामाजिक और पर्यावर्णीय लागतों को कम या टाल देता है ।
- बुनियादी जरूरतों और विकासात्मक लक्ष्यों को पूरा करने के लिए ऊर्जा उपलब्धता बढाने की आवश्यकता है ।

अक्षय ऊर्जा – नवकरणीय ऊर्जा (रिनुएबिल एनर्जी)

उद्देश्य –ऊर्जा के गैर परम्परागत स्रोत (अक्षय स्रोत) के बारे में जानना, दैनिक उपयोग में लाना, ऊर्जा का बेहतर उपयोग करना, व्यर्थ दुरुपयोग, जहां हो रोकना, ऊर्जा संरक्षण करना ।

गैर परम्परागत (नॉन कन्वेंशनल) – नवकरणीय/अक्षय (रिनुएबिल) ऊर्जा स्रोत (एनर्जी सोर्स) –

इसमें मुख्यतः सूर्य ऊर्जा, जल प्रपात, पवन ऊर्जा, कृषि एवं जानवरों के अपशिष्ट (वेस्ट) एवं जैविक खाद (बायोमास), गोबर गैस, ज्वारीय ऊर्जा, भूमि उष्मीय ऊर्जा स्रोत आदि गैर परम्परागत ऊर्जा स्रोत कहलाते हैं जिनका संक्षिप्त विवरण निम्नानुसार है -

1. सौर ऊर्जा (सोलर एनर्जी) –नवकरणीय ऊर्जा (रिनुएबिल एनर्जी)
2. पवन ऊर्जा (विंड एनर्जी)
3. जैविक ऊर्जा (बायोमास, बायो गैस एनर्जी)
4. ज्वारीय ऊर्जा (टायडल एनर्जी)
5. भूगर्भीय ऊर्जा (जियो थर्मल एनर्जी)

उपरोक्त के अतिरिक्त वेव एनर्जी और मिनी हाइड्रो इलेक्ट्रिक एनर्जी भी अक्षय ऊर्जा श्रोतों में सम्मिलित हैं . अत: उपरोक्त सभी अक्षय ऊर्जा श्रोतों को यथोचित उपयोग करना होगा .

प्रत्येक वर्ष 14 दिसम्बर का दिन ऊर्जा संरक्षण दिवस के रूप में सम्पूर्ण भारत देश में मनाया जाता है . तथा 14 से 21 दिसम्बर तक का समय ऊर्जा संरक्षण सप्ताह के रूप में मनाया जाता है .जिसमें राष्ट्रीय स्तर पर ऊर्जा संरक्षण से सम्बन्धित पुरस्कार वितरण, विचार गोष्ठियां/मंथन, आदि का आयोजन ऊर्जा संरक्षण के प्रति जागरूकता अभियान चलाया जाता है . आइए हम सब भी अपनी भागीदारी निभाएं .

14 दिसम्बर 2021, दिन मंगलवार

1

ऊर्जा संरक्षण - विचार मंथन

ऊर्जा संरक्षण - विचार मंथन

(ऊर्जा बचत / ऊर्जा उत्पादन)

भारतीय ऊर्जा क्षेत्र की स्थिति, ऊर्जा क्षेत्र के मुख्य स्रोत कोयला के भंडार की स्थित निरन्तर घटने से, चिंताजनक बनती है तथा देश पर ऊर्जा संकट की गंभीर स्थिति बनती है । विद्युत ऊर्जा की मांग एवं पूर्ति में वृहत अन्तर बन जाएगा ।मांग और पूर्ति का अन्तर ही उत्पादन कर्ता और उपयोग कर्ता के मध्य सामंजस्य बनाये रखने हेतु कटौती को बाध्य करता है । यदि मांग और पूर्ति के अन्तर को कम से कम रखने हेतु कटौती नहीं की जाती है तो मांग व पूर्ति का बड़ा अन्तर सम्पूर्ण व्यवस्था को बाधित करता है, तथा मांग व पूर्ति के अन्तर को कटौती द्वारा दोनों को समान बनाये रखना होता है । जिससे सम्पूर्ण व्यवस्था बनी रहे, इस कटौती व्यवस्था का एक विकल्प ऊर्जा खपत में कमी करना है जिसे प्राय: मुख्य वाक्य "ऊर्जा बचत – ऊर्जा उत्पादन "से उद्बोधन करते हैं । ऊर्जा बचत के लिए नागरिकों/उपभोक्ताओं को सीधे सरल उपाय एवं नियम बरतने हैं, इन उपायों को अपने घरों, दफ्तरों, कारखानों और खेतों – खलिहानों में बड़ी आसाने से व्यवहार में अपनाया जा सकता है । आइये इस कार्य में हम सभी हाथ बढ़ाएँ । विद्युत की हर यूनिट बचाएं अन्यथा भीषण परिणाम भुगतने होंगे । विकास की गति रुक जाएगी । जीवन स्तर गिरने लगेगा । राशनिंग एवं ब्लैक आउट जैसी कटु स्थितियों का सामना करना पड़ेगा और हममें से कोई ऐसा कभी नहीं चाहेगा ।

ऊर्जा का बढ़ता हुआ संकट हम सबके लिए एक भयंकर विपत्ति बन सकता है । हमें ऊर्जा संरक्षण के लिए ठोस कदम उठाना ही होंगे । आज से, अभी से, इसी क्षण से ।

संक्षेप में- " ऊर्जा संरक्षण का विचार प्राय: यह नहीं है कि आवश्यकता में कमी की जावे और न उपयोगिता को कम किया जावे, सामान्यत: ऊर्जा संरक्षण का विचार किसी भी तरीके से ऊर्जा के दुरुपयोग को रोकना, ऊर्जा बर्वाद न करना है । "

ऊर्जा संरक्षण की आवश्यकता है : -

तेजी से समाप्त हो रहे ऊर्जा संसाधनों की बचत के लिए ।

ऊर्जा आयात पर निर्भरता को कम करने के लिए ।

कुछ महत्वपूर्ण/आवश्यक उद्योगों में उत्पादन लागत में कमी करने के लिए, ताकि विश्व स्तर पर प्रतिस्पर्धात्मक बनाया जा सके ।

पर्यावरण के गिरते हुए स्तर एवं प्रदूषण पर अंकुश/रोक लगाने के लिए ।

ऊर्जा की मांग एवं पूर्ति के मध्य अन्तर कम करने के लिए ।

ऊर्जा संरक्षण की संभावनाएं –

विभिन्न क्षेत्रों तथा ऊर्जा गहन उद्योगों में ऊर्जा बचत की सम्भावनाएँ निम्नानुसार आंकलित की गई है –

1 – औद्यौगिक क्षेत्र 25 % तक संरक्षण संभावनाएं

2 – कृषि क्षेत्र 27 से 30 % तक संरक्षण संभावनाएं

3 – घरेलू क्षेत्र 20 % तक संरक्षण संभावनाएं

4 – नगर पालिका/नगर निगम क्षेत्र - 15 से 22 % तक संरक्षण संभावनाएं

5 – शासकीय भवनों - 23 से 46 % तक संरक्षण संभावनाएं

6 – निजी क्षेत्रों में 20 से 25 % तक संरक्षण संभावनाएं

ऊर्जा बचत की उपरोक्त संभावनाएं को उच्च स्तर के रख रखाव, उपायों, प्रतिस्थापना एवं कुछ प्रक्रिया परिवर्तन के द्वारा प्राप्त किया जा सकता है । यदि प्रक्रिया एवं तकनीक में वृहत स्तर पर परिवर्तन किया जाये तो अधिकाधिक बचत संभावना को प्राप्त किया जा सकता है ।

ऊर्जा के बेहतर उपयोग : -

सरकार की भूमिका – ऊर्जा संरक्षण में लाखों करोड़ों उपभोक्ता प्रभावित होते हैं । ये उपभोक्ता विभिन्न प्रकार से ऊर्जा का उपयोग करते हैं । सरकार द्वारा ऊर्जा उपयोग करने वाले विभिन्न समूहों के व्यवहार में विद्युत बचत वांछित परिवर्तन लाने के लिए निम्न माध्यमों/उपायों द्वारा उत्प्रेरक की भूमिका निभाई जाना ।

ऊर्जा उपभोग से संबन्धित विषयों/मुद्दों पर सीधे नियंत्रण एवं उचित विधि निर्माण

किसी कार्य को करने अथवा रोकने/नियंत्रित करने हेतु वित्तीय दबाव डालना ।

अपवाद स्वरूप नियम क़ानूनों से अथवा प्रणालियों से चयनित आधार छूट देना ।

शैक्षणिक कार्यक्रमों तथा बहुआयामी माध्यम/अभियानों द्वारा जागरूकता उत्पन्न करना ।

बाजार में सबसे प्रमुख ग्राहक होने की सरकार की स्थित का प्रयोग करना ।

सुस्पष्ट प्राथमिकताओं के साथ अनुसंधान तथा प्रदर्शन कार्यक्रमों का आयोजन करना ।

उपरोक्त उपायो द्वारा सरकार ऊर्जा संवर्धन से युक्त अर्थव्यवस्था के लिए वातावरण तैयार कर सकती है । लेकिन ये उपाय तभी प्रभावी एवं सफल होंगे जब ऊर्जा उपभोक्ता द्वारा भी ऊर्जा संरक्षण के लिए सकारात्मक ठोस कदम उठाए जावें । इसके लिए ऊर्जा का विभिन्न रूप में प्रयोग करने वाले उपभोक्ताओं में ऊर्जा संरक्षण के लाभों के संबंध में जागरूकता उत्पन्न करने की अनिवार्य आवश्यकता है । इसके लिए प्रदर्शनात्मक परियोजनाओं,जनसंचार माध्यमों, जागरूकता, कार्यशालाओं एवं प्रशिक्षण गतिविधियां आरंभ कर पहल की जा चुकी है ।

इसके आगे, कानून/विधेयक बनाकर नियंत्रण नीतियों को तभी प्रभावी किया जा सकेगा जब उसके लिए मूलभूत संरचना स्थापित कर दी जाएगी । मूलभूत संरचना में विविध प्रक्रियाओं/प्रयोगों के लिए ऊर्जा मापदण्डों की निर्धारण, महत्वपूर्ण विद्युत उपकरणों में परिवर्तन लाना आदि शामिल है । शिक्षण प्रोत्साहनों तथा नीतियों के सरलीकरण द्वारा ऊर्जा संरक्षण के लक्ष्य को प्राप्त करना वर्तमान उद्देश्य है ।

2

सरकार की पहल एवं बीईई

सरकार की पहल एवं बीईई –

कानून – इस विषय से सम्बन्धित ऊर्जा संरक्षण अधिनियम 2001 बनाया जा चुका है ।
विद्युत मंत्रालय के तहत ऊर्जा दक्षता ब्यूरो (BEE) बनाया है ।
अधिनियम के आधारभूत–

- राष्ट्रीय ऊर्जा संरक्षण गतिविधियों को एक नीतिगत ढांचा और दिशा
- हितधारकों के साथ ऊर्जा के कुशल उपयोग पर नीतियों और कार्यक्रमों का समन्वय करना।
- ऊर्जा दक्षता (ईई – एनर्जी एफिसिएन्सी) सुधार को मापने और मॉनिटर करने के लिए सिस्टम और प्रक्रियाएं स्थापित करना।
- ऊर्जा संरक्षण अधिनियम को लागू करने के लिए बहुपक्षीय, द्विपक्षीय और निजी क्षेत्र का समर्थन।
- सार्वजनिक-निजी भागीदारी के माध्यम से ऊर्जा दक्षता (ईई – एनर्जी एफिसिएन्सी) वितरण प्रणाली का प्रदर्शन।

ऊर्जा संरक्षण अधिनियम के कार्यान्वयन के लिए पहचाने जाने वाले महत्वपूर्ण क्षेत्र हैं: -

- ऊर्जा संरक्षण के लिए भारतीय उद्योग कार्यक्रम
- डिमांड साइड मैनेजमेंट
- अधिसूचित उपकरण और उपकरणों के लिए मानक और लेबलिंग कार्यक्रम
- इमारतों और प्रतिष्ठानों में ऊर्जा दक्षता
- ऊर्जा संरक्षण भवन कोड

- व्यावसायिक प्रमाणन और प्रत्यायन
- मैन्अल और कोड
- ऊर्जा दक्षता नीति अनुसंधान कार्यक्रम
- विद्यालय शिक्षा
- ऊर्जा दक्षता सेवाओं के लिए वितरण तंत्र

बीईई (BEE) – ब्यूरो ऑफ एनर्जी एफिसिएन्सी–

- बीईई के पास निर्दिष्ट उपभोक्ताओं को ऊर्जा खपत मानदंडों का पालन करने और उनकी ऊर्जा खपत का ऑडिट करने के लिए निर्दिष्ट उद्योग या भवन परिसरों द्वारा पूरा करने के निर्देश हैं।
- बिजली आपूर्ति उपयोगिताओं को नामित उपभोक्ताओं की 15 श्रेणियों की सूची में भी शामिल किया गया है।
- बीईई के प्रमुख नियामक कार्यों में शामिल हैं
- क - प्रदर्शन मानकों और लेबलिंग
- ख - ऊर्जा संरक्षण भवन कोड का परिचय; तथा
- ग - गतिविधियां नामित उपभोक्ताओं पर केंद्रित हैं

बीईई(BEE)–

- BEE की ऊर्जा दक्षता बाजार विकास कार्यों में शामिल हैं:
- (i) प्रदर्शन परियोजनाओं के अनुसंधान और कार्यान्वयन को प्रायोजित करना।
- (ii) ऊर्जा सेवा कंपनियों (ESCO) के प्रदर्शन अनुबंधों और प्रचार का विकास।
- (iii) मापन और सत्यापन (एमएंड वी– मेजरमेंट एंड वेरिफिकेशन) प्रोटोकॉल
- (iv) प्रौद्योगिकी को अपनाना और उन्नति करना।
- (v)प्रशिक्षण और शैक्षिक कार्यक्रम और ऊर्जा दक्षता परियोजनाओं के नवीन वित्तपोषण।

3

MoP- मिनसट्री ऑफ पावर - शक्ति मंत्रालय-

MoP- मिनसट्री ऑफ पावर – शक्ति मंत्रालय–

- MoPने अपने वित्तीय सहायता कार्यक्रम (APDRP कहा जाता है) के तहत कई राज्य सरकारों/उपयोगिताओं के साथ समझौता ज्ञापनों में DSM (डिमांड साइड मेनेजमेंट)और ऊर्जा संरक्षण उपायों पर जोर दिया है।

स्टैंडइर्स (मानक) और लेबलिंग कार्यक्रम–
मानकों और लेबल अन्य विशेषताओं को कम किए बिना ऊर्जा दक्षता में सुधार करने के लिए डिज़ाइन किए गए हैं:

- ❖प्रदर्शन (परफ़ोर्मेंस)
- ❖गुणवत्ता (क्वालिटी)
- ❖सुरक्षा (सेफ़्टी) और
- ❖समग्र लागत (ओवर ऑल कोस्ट)
- अब तक की प्रगति ने कवर किया:
- 5 उत्पादों के लिए ऊर्जा लेबलिंग के लिए तकनीकी मानकों को विकसित किया गया है –
- लेबलिंग के लिए – (1) - कृषि पंप सेट मोटर्स, (2) - फ्लोरोसेंट ट्यूबलाइट, (3) - वितरण ट्रांसफार्मर, (4) - घरेलू रेफ्रिजरेटर और (5) - एयर कंडीशनर लिए गए हैं ।
- रेफ्रिजरेटर परीक्षण प्रयोगशालाओं के लिए आयोजित प्रयोगशालाओं के बीच परीक्षण की सटीकता (एक्यूरेसी) करने के लिए दक्षता परीक्षण।
- ऊर्जा लेबल के लिए उपभोक्ता और बाजार अनुसंधान ।

4

बीईई (BEE) - एनर्जी मेनेजर व एनर्जी ऑडिटर-

बीईई (BEE) – एनर्जी मेनेजर व एनर्जी ऑडिटर–

- औद्योगिक और निजी क्षेत्रों के लिए बीईई दृष्टिकोण में एक मूल सिद्धांत स्व-विनियमन प्रणाली है।
- बीईई की पहल में शामिल हैं:
- ऊर्जा दक्षता ब्यूरो ने ऊर्जा प्रबंधकों (एनर्जी मेनेजर) और ऊर्जा लेखा परीक्षकों (एनर्जी ऑडिटर) के लिए राष्ट्रीय प्रमाणन परीक्षा के आयोजन के लिए राष्ट्रीय उत्पादकता परिषद (एनपीसी) को राष्ट्रीय प्रमाणन एजेंसी के रूप में नामित किया है।
- राष्ट्रीय उत्पादकता परिषद ने परीक्षा के लिए गाइडबुक भी तैयार की है, जो परीक्षा के लिए पंजीकृत उम्मीदवारों को आपूर्ति की जाएगी ।
- नामित उपभोक्ताओं को मान्यता प्राप्त ऊर्जा लेखा परीक्षकों द्वारा ऊर्जा ऑडिट करवाना होता है।
- ऊर्जालेखापरीक्षाकेसंचालनकीप्रक्रियाकोमानकीकृतकरनेकेलिए,7 प्रौद्योगिकियों/ उपकरणों के लिए ऊर्जा प्रदर्शन मूल्यांकन कोड तैयार किए गए हैं।
- निर्दिष्ट उपभोक्ताओं द्वारा विशिष्ट ऊर्जा खपत मानदंड पूरे किए जाने हैं।
- पायलटप्रोजेक्टकेरूपमें,सीमेंट और पल्प सेक्टर चुने गए हैं जिससे प्रावधान बनाए जा सकें ।
- IIPEC सरकार और उद्योग के लिए ऊर्जा दक्षता,उपयोगिता उपकरण, अपशिष्ट गर्मी वसूली और प्रबंधन प्रथाओं के लिए सर्वोत्तम प्रथाओं पर जानकारी का आदान-प्रदान करने के लिए एक मंच है।
- सीमेंट,पल्प और पेपर,टेक्सटाइल,फर्टिलाइजर,कलोर – अल्कली,एल्यूमिनियम,पेट्रो – केमीकल और रिफाइनरी सेक्टर के लिए आठ क्षेत्रीय टास्क फोर्स का गठन ।

- ऊर्जा बचत का स्वैच्छिक लक्ष्य। उपर्युक्त स्वैच्छिक कार्यक्रम के भाग लेने वाले उद्योगों द्वारा 400 करोड़ का प्रतिबद्ध किया गया है
- ब्यूरो ने टास्क फोर्स के सदस्यों द्वारा प्राप्त बचत पर प्रतिक्रिया के संग्रह की प्रक्रिया शुरू की है।
- इन क्षेत्रों में टास्क फोर्स के सदस्यों ने सालाना 40 करोड़ रुपये बचाने के लिए एक स्वैच्छिक लक्ष्य रखा है।
- रिलायंस, इंदल,राष्ट्रीय इस्पात निगम, मोरल ओवरसीज और बीके बिड़ला समूह ने अपनी ऊर्जा खपत को कम करने के लिए प्रतिबद्ध किया है।
- ऊर्जा संरक्षण की पहल पर उद्योग का समर्थन करने के लिए दो इंटरैक्टिव वेबसाइट (www.bee-india.nic और www.energymanagertraining.com) को परिचालन योग्य बनाया गया है।

5

राष्ट्रीय ऊर्जा संरक्षण पुरस्कार योजना-

राष्ट्रीय ऊर्जा संरक्षण पुरस्कार योजना–

- स्वैच्छिक पहलों में से एक के रूप में, ऊर्जा दक्षता ब्यूरो उत्पादन इकाइयों को बनाए रखते हुए ऊर्जा की तीव्रता को कम करने के लिए अतिरिक्त प्रयास करने वाली औद्योगिक इकाइयों को प्रेरित करने और उन्हें मान्यता देने के लिए "राष्ट्रीय ऊर्जा संरक्षण पुरस्कार" योजना को कार्यान्वित करता है।
- इस योजना का उद्देश्य एक ऐसा वातावरण तैयार करना है जो ऊर्जा के कुशल उपयोग और इसके संरक्षण में उत्कृष्टता प्राप्त करने के लिए उद्योगों को प्रेरित करेगा। उपरोक्त योजना में उद्योगों के 17 उप-क्षेत्र भाग ले रहे हैं

6

बिजली औरबीईई (BEE) मंत्रालय के डीएसएम(DSM)कार्यक्रम –

बिजली औरबीईई (BEE) मंत्रालय के डीएसएम(DSM)कार्यक्रम –

* बचत लैंम्प (दीपक) योजना
* मानक और लेबलिंग (एस एंड एल)
* ऊर्जा संरक्षण भवन कोड
* कृषि क्षेत्र में डीएसएम (डिमांड साइड मेनेजमेंट)
* नगरपालिका क्षेत्र में डीएसएम (डिमांड साइड मेनेजमेंट)
* छोटे और मध्यम में डीएसएम (डिमांड साइड मेनेजमेंट) मूल्य क्षेत्र में प्रवेश करते हैं
* राज्य नामित एजेंसियों (एसडीएएस) की संस्थान क्षमता को मजबूत करना।

बिजली और बीईई(BEE) मंत्रालय की डीएसएम(DSM)संस्थाएं–

* ऊर्जा संरक्षण निधि (एसईएफसी) में योगदान
* राष्ट्रीय ऊर्जा संरक्षण पुरस्कार, 2010
* बढ़ी हुई ऊर्जा दक्षता के लिए राष्ट्रीय मिशन (NMEEE- नेशनल मिशन फॉर इन्हेंस्ड एनर्जी एफिसिएन्सी)
* ऊर्जा दक्षता वित्तपोषण मंच के लिए बाजार परिवर्तन
* ऊर्जा कुशल आर्थिक विकास निधि के लिए फ्रेम वर्क
* ऊर्जा संरक्षण के लिए पेंटिंग प्रतियोगिता,2010

बचत लैंप योजना -

- लंबे जीवन (6000 घंटे),उच्च गुणवत्ता वाली ऊर्जा कुशल कॉम्पैक्ट फ्लोरोसेंट लैंप (CFL) और एलईडीहाउस होल्ड में इंकेडेसेंट लैंप को बदलने के लिए 15 रुपये में प्रदान किए जाते हैं।
- इसके लिए सीडीएम लाभ का उपयोग किया जाता है, डिस्कॉम,सरकार और सीएफएल(CFL) निर्माता भागीदार हैं।

7

ऊर्जा - संरक्षण - (एनर्जी कंजर्वेशन) - एक विचार

ऊर्जा – संरक्षण – (एनर्जी कंजर्वेशन) – एक विचार

" ऊर्जा संरक्षण का विचार प्राय: यह नहीं है कि आवश्यकता में कमी की जावे और न उपयोगिता को कम किया जावे, सामान्यत: ऊर्जा संरक्षण का विचार किसी भी तरीके से ऊर्जा के दुरुपयोग को रोकना, ऊर्जा बर्वाद न करना है । "

पृष्ठभूमि -

- ऊर्जा संरक्षण हाल के वर्षों में राष्ट्रीय आर्थिक एजेंडे में केंद्रीय मुद्दों में आवश्यकता से एक के रूप में उभरा है।

- वर्तमान स्तर से ऊर्जा की खपत में 20 - 25 प्रतिशत की कमी विभिन्न क्षेत्रों में संभव है,ऊर्जा के अंतिम उपयोग के लाभों के बिना।

- ऊर्जा संरक्षण भी ऊर्जा उत्पादन और बेकार खपत, जैसे कार्बन डाइऑक्साइड (CO_2) और अन्य प्रदूषकों के उत्सर्जन और पर्यावरण को नुकसान और नुकसान को कम करने के परिणामस्वरूप होने वाली जबरदस्त सामाजिक और पर्यावरणीय लागतों को कम या टाल देता है।

- बुनियादी जरूरतों और विकासात्मक लक्ष्यों को पूरा करने के लिए ऊर्जा उपलब्धता बढ़ाने की आवश्यकता है।

- प्रत्येक क्षेत्र में ऊर्जा खपत पैटर्न (स्वरूप/तरीका) की एक व्यवस्थित समझ की आवश्यकता होती है, और कुशलतापूर्वक ऊर्जा की आपूर्ति करने के लिए एक रणनीति तैयार की जानी चाहिए और बेकार खपत को कम करना चाहिए।

- ऊर्जा संरक्षण के लिए केंद्र सरकार द्वारा संलग्न महत्व की सीमा एक अलग अधिनियम ऊर्जा संरक्षण अधिनियम 2001 के प्रचार में परिलक्षित होती है, जिसे विशेष रूप से ऊर्जा संरक्षण को बढ़ावा देने के लिए लागू किया गया था।
- प्रस्तावना में कहा गया है कि ऊर्जा संरक्षण अधिनियम का उद्देश्य कुशल और पर्यावरणीय सौम्य को बढ़ावा देना है

- ऊर्जा संरक्षण अधिनियम 2001 मुख्य रूप से नामित उपभोक्ताओं के ऊर्जा के गहन उपभोक्ताओं के उद्देश्य से है।

• ऊर्जा संरक्षण अधिनियम ने भारतीय अर्थव्यवस्था की ऊर्जा तीव्रता को कम करने के प्राथमिक उद्देश्य के साथ विद्युत मंत्रालय के तहत ऊर्जा दक्षता ब्यूरो (BEE) बनाया है अधिनियम के आधारभूत–

- राष्ट्रीय ऊर्जा संरक्षण गतिविधियों को एक नीतिगत ढांचा और दिशा
- हितधारकों के साथ ऊर्जा के कुशल उपयोग पर नीतियों और कार्यक्रमों का समन्वय करना।
- ऊर्जा दक्षता (ईई – एनर्जी एफिसिएन्सी) सुधार को मापने और मॉनिटर करने के लिए सिस्टम और प्रक्रियाएं स्थापित करना।
- ऊर्जा संरक्षण अधिनियम को लागू करने के लिए बहुपक्षीय, द्विपक्षीय और निजी क्षेत्र का समर्थन।
- सार्वजनिक-निजी भागीदारी के माध्यम से ऊर्जा दक्षता (ईई – एनर्जी एफिसिएन्सी) वितरण प्रणाली का प्रदर्शन।

ऊर्जा संरक्षण अधिनियम के कार्यान्वयन के लिए पहचाने जाने वाले महत्वपूर्ण क्षेत्र हैं: -

- ऊर्जा संरक्षण के लिए भारतीय उद्योग कार्यक्रम
- डिमांड साइड मैनेजमेंट (डीएसएम)
- अधिसूचित उपकरण और उपकरणों के लिए मानक और लेबलिंग कार्यक्रम
- इमारतों और प्रतिष्ठानों में ऊर्जा दक्षता
- ऊर्जा संरक्षण भवन कोड
- व्यावसायिक प्रमाणन और प्रत्यायन
- मैनुअल और कोड
- ऊर्जा दक्षता नीति अनुसंधान कार्यक्रम
- विद्यालय शिक्षा
- ऊर्जा दक्षता सेवाओं के लिए वितरण तंत्र

ऊर्जा संरक्षण – बीईई(BEE) – ब्यूरो ऑफ एनर्जी एफिसिएन्सी–

- बीईई के पास निर्दिष्ट उपभोक्ताओं को ऊर्जा खपत मानदंडों का पालन करने और उनकी ऊर्जा खपत का ऑडिट करने के लिए निर्दिष्ट उद्योग या भवन परिसरों द्वारा पूरा करने के निर्देश हैं।
- बिजली आपूर्ति उपयोगिताओं को नामित उपभोक्ताओं की 15 श्रेणियों की सूची में भी शामिल किया गया है।
- बीईई के प्रमुख नियामक कार्यों में शामिल हैं
- क - प्रदर्शन मानकों और लेबलिंग
- ख - ऊर्जा संरक्षण भवन कोड का परिचय;तथा
- ग - गतिविधियां नामित उपभोक्ताओं पर केंद्रित हैं

बीईई (BEE) –

- बीईई (BEE)की ऊर्जा दक्षता बाजार विकास कार्यों में शामिल हैं:
- (i) प्रदर्शन परियोजनाओं के अनुसंधान और कार्यान्वयन को प्रायोजित करना।
- (ii) ऊर्जा सेवा कंपनियों (ESCO) के प्रदर्शन अनुबंधों और प्रचार का विकास।
- (iii) मापन और सत्यापन (एमएंड वी) प्रोटोकॉल
- (iv) प्रौद्योगिकी को अपनाना और उन्नति करना।
- (v) प्रशिक्षण और शैक्षिक कार्यक्रम और ऊर्जा दक्षता परियोजनाओं के नवीन वित्तपोषण।

MoP- मिनसट्री ऑफ पावर – शक्ति मंत्रालय–

- Moने अपने वित्तीय सहायता कार्यक्रम (APDRP कहा जाता है) के तहत कई राज्य सरकारों/उपयोगिताओं के साथ समझौता ज्ञापनों में DSM और ऊर्जा संरक्षण उपायों पर जोर दिया है।

• अगस्त 2002 में सरकारी संगठनों में ऊर्जा की खपत में 30 प्रतिशत की कमी के विशिष्ट पाँच - वर्षीय लक्ष्य के साथ एक कार्य योजना बनाई गई।

• निजी क्षेत्र को अगले पांच वर्षों में 20 प्रतिशत ऊर्जा बचत सुनिश्चित करने की भी सलाह दी गई।

• बीईई ने ऊर्जा संरक्षण के माध्यम से 23% बचत की संभावना का अनुमान लगाया है। बीईई ने अंगले पांच वर्षों में 10% बचत (लगभग 10,000 मेगावाट) प्राप्त करने के लिए एक कार्य योजना बनाई है।

- बीईई ने ऊर्जा संरक्षण अधिनियम के तहत संस्थागत तंत्र और ढांचागत सुविधाओं की स्थापना में जोर क्षेत्रों पर कार्रवाई शुरू करने और आगे बढ़ने की सूचना दी हैजिसमें उद्योगों,उपकरण निर्माताओं,वित्तीय संस्थानों और अन्य हितधारकों के प्रावधानों को लागू करने के लिए कदम उठाए हैं। ऊर्जा संरक्षण अधिनियम।
- ऊर्जा संरक्षण अधिनियम के आधार पर अब तक प्राप्त प्रगति, इस प्रकार है।

नामित उपभोक्ता - डेजीनेटिड कंज़्यूमर (डीसी)–

- बीईई के नियामक समारोह का एक प्रमुख तत्व नामित उपभोक्ताओं (डीसी) पर केंद्रित गतिविधियों का मेजबान है जिसमें उच्च ऊर्जा खपत वाले उद्योग और क्षेत्र शामिल हैं।
- उद्योगों के लिए इस दृष्टिकोण में डीसी को निम्नलिखित की आवश्यकता होगी:
- (i)किसी मान्यता प्राप्त ऊर्जा लेखा परीक्षक द्वारा उनके संयंत्र या कारखाने का ऊर्जा लेखा परीक्षा।
- (ii)निर्धारित योग्यता के साथ एक नामित ऊर्जा प्रबंधक नियुक्त करें।
- (iii)निर्धारित मानदंडों और मानकों को लागू करना और,
- (iv) राज्य स्तरीय डेजीनेटिड एजेंसी को जानकारी प्रदान करते हैं
- ब्यूरो ने 2-3 वर्षों की अवधि में ऊर्जा की खपत को 5% -10% कम करने के लिए डीसी (डेजीनेटिड कंज़्यूमर) के साथ एक व्यावहारिक दृष्टिकोण अपनाएगा।
- बीईई पहले 3 वर्षों में प्रत्येक में कम से कम 3 डीसी समूहों को लक्षित करेगा।
- इसकी जिम्मेदारी एक क्षेत्रीय योजना जैसे सीमेंट मैन्युफैक्चरर्स एसोसिएशन (CMA)और इंडियन पल्प एंड पेपर मैन्युफैक्चरर्स एसोसिएशन (IPPMA) को सौंपी जाएगी,साथ ही प्रत्येक उद्योग के लिए ऊर्जा की खपत के मानदंड भी तैयार किए जाएंगे- सेक्टर,जो हो सकता है

बीईई (BEE)– एनर्जी मेनेजर व एनर्जी ऑडिटर–

- औद्योगिक और निजी क्षेत्रों के लिए बीईई दृष्टिकोण में एक मूल सिद्धांत स्व-विनियमन प्रणाली है।
- बीईई की पहल में शामिल हैं:
- ऊर्जा दक्षता ब्यूरो ने ऊर्जा प्रबंधकों (एनर्जी मेनेजर) और ऊर्जा लेखा परीक्षकों (एनर्जी ऑडिटर) के लिए राष्ट्रीय प्रमाणन परीक्षा के आयोजन के लिए राष्ट्रीय उत्पादकता परिषद (एनपीसी) को राष्ट्रीय प्रमाणन एजेंसी के रूप में नामित किया है।
- राष्ट्रीय उत्पादकता परिषद ने परीक्षा के लिए गाइडबुक भी तैयार की है, जो परीक्षा के लिए पंजीकृत उम्मीदवारों को आपूर्ति की जाएगी ।

- नामित उपभोक्ताओं को मान्यता प्राप्त ऊर्जा लेखा परीक्षकों द्वारा ऊर्जा ऑडिट करवाना होता है।
- ऊर्जालेखापरीक्षाकेसंचालनकीप्रक्रियाकोमानकीकृतकरनेकेलिए,7 प्रौद्योगिकियों/ उपकरणों के लिए ऊर्जा प्रदर्शन मूल्यांकन कोड तैयार किए गए हैं।
- निर्दिष्ट उपभोक्ताओं द्वारा विशिष्ट ऊर्जा खपत मानदंड पूरे किए जाने हैं।
- पायलटप्रोजेक्टकेरूपमें, सीमेंट और पल्प सेक्टर चुने गए हैं जिससे प्रावधान बनाए जा सकें ।
- IIPEC सरकार और उद्योग के लिए ऊर्जा दक्षता, उपयोगिता उपकरण, अपशिष्ट गर्मी वसूली और प्रबंधन प्रथाओं के लिए सर्वोत्तम प्रथाओं पर जानकारी का आदान-प्रदान करने के लिए एक मंच है।
- सीमेंट,पल्प और पेपर,टेक्सटाइल,फर्टिलाइजर,कलोर – अल्कली,एल्यूमिनियम,पेट्रो – केमीकल और रिफाइनरी सेक्टर के लिए आठ क्षेत्रीय टास्क फोर्स का गठन ।
- ऊर्जा बचत का स्वैच्छिक लक्ष्य। उपर्युक्त स्वैच्छिक कार्यक्रम के भाग लेने वाले उद्योगों द्वारा 400 करोड़ का प्रतिबद्ध किया गया है
- ब्यूरो ने टास्क फोर्स के सदस्यों द्वारा प्राप्त बचत पर प्रतिक्रिया के संग्रह की प्रक्रिया शुरू की है।
- इन क्षेत्रों में टास्क फोर्स के सदस्यों ने सालाना 40 करोड़ रुपये बचाने के लिए एक स्वैच्छिक लक्ष्य रखा है।
- रिलायंस, इंदल,राष्ट्रीय इस्पात निगम, मोरल ओवरसीज और बीके बिड़ला समूह ने अपनी ऊर्जा खपत को कम करने के लिए प्रतिबद्ध किया है।
- ऊर्जा संरक्षण की पहल पर उद्योग का समर्थन करने के लिए दो इंटरैक्टिव वेबसाइट (www.bee-india.nic और www.energymanagertraining.com)को परिचालन योग्य बनाया गया है।

राष्ट्रीय ऊर्जा संरक्षण पुरस्कार योजना–

- स्वैच्छिक पहलों में से एक के रूप में, ऊर्जा दक्षता ब्यूरो उत्पादन इकाइयों को बनाए रखते हुए ऊर्जा की तीव्रता को कम करने के लिए अतिरिक्त प्रयास करने वाली औद्योगिक इकाइयों को प्रेरित करने और उन्हें मान्यता देने के लिए "राष्ट्रीय ऊर्जा संरक्षण पुरस्कार" योजना को कार्यान्वित करता है।
- इस योजना का उद्देश्य एक ऐसा वातावरण तैयार करना है जो ऊर्जा के कुशल उपयोग और इसके संरक्षण में उत्कृष्टता प्राप्त करने के लिए उद्योगों को प्रेरित करेगा। उपरोक्त योजना में उद्योगों के 17 उप -क्षेत्र भाग ले रहे हैं

स्टैंडर्ड्स (मानक) और लेबलिंग कार्यक्रम–

- बीईई को यह जनादेश देने का भी अधिकार है कि सभी उपकरण अपनी कार्यकुशलता का संकेत देते हुए लेबल लगाते हैं;बीईई द्वारा निर्धारित दक्षता मानकों का पालन करने वाले उपकरण निर्माता; और बीईई द्वारा निर्धारित ऊर्जा खपत मानक।
- यह बीईई के तत्वावधान में शुरू की जा रही डीएसएम से संबंधित महत्वपूर्ण गतिविधियों में से एक है।
- मानकों और लेबल अन्य विशेषताओं को कम किए बिना ऊर्जा दक्षता में सुधार करने के लिए डिज़ाइन किए गए हैं:
- प्रदर्शन (परफ़ोर्मेंस)
- गुणवत्ता (क्वालिटी)
- सुरक्षा (सेफ़्टी) और
- समग्र लागत (ओवर ऑल कोस्ट)
- अब तक की प्रगति ने कवर किया:
- 5 उत्पादों के लिए ऊर्जा लेबलिंग के लिए तकनीकी मानकों को विकसित किया गया है –
- लेबलिंग के लिए – (1) - कृषि पंप सेट मोटर्स, (2) - फ्लोरोसेंट ट्यूबलाइट, (3) - वितरण ट्रांसफार्मर, (4) - घरेलू रेफ्रिजरेटर और (5) - एयर कंडीशनर लिए गए हैं ।
- रेफ्रिजरेटर परीक्षण प्रयोगशालाओं के लिए आयोजित प्रयोगशालाओं के बीच परीक्षण की सटीकता (एक्यूरेसी) करने के लिए दक्षता परीक्षण।
- ऊर्जा लेबल के लिए उपभोक्ता और बाजार अनुसंधान ।

8

भवनों में ऊर्जा दक्षता-

भवनों में ऊर्जा दक्षता–

- दिल्ली में 9 सरकारी भवनों में ऊर्जा लेखा परीक्षा का अध्ययन पूरा किया गया, जिसमें राष्ट्रपति भवन, प्रधानमंत्री कार्यालय और दक्षिण ब्लॉक में रक्षा मंत्रालय के ब्लॉक,रेल भवन,संचार भवन, श्रम शक्ति भवन और ट्रांसपोर्ट भवन,आर एंड आर होसपीटल,टर्मिनल – 1,टर्मिनल -2 और कार्गो सेक्शन (दिल्ली एयर पोर्ट) और एम्स (AIIMS) शामिल हैं।
- उपरोक्त इमारतों में 23 से 46% के बीच बचत क्षमता की पहचान की गई ।
- ऊर्जा सेवा कंपनियों (ESCO – Energy Service Companies)के माध्यम से किए जाने वाले ऊर्जा ऑडिट अध्ययनों का कार्यान्वयन ।
- ऊर्जा लेखा परीक्षकों (एनर्जी औडीटर) का एक संघ बनाया गया था और ऊर्जा लेखा परीक्षा अध्ययन करने के लिए ऊर्जा सेवा कंपनियों (ESCO) की शुरुआत की गई थी

ऊर्जा संरक्षण भवन कोड–

- इस उद्देश्य के लिए ऊर्जा संरक्षण भवन कोड का विकास आवश्यक है।
- संहिता ऊर्जा संरक्षण अधिनियम के तहत संबंधित नियमों के अधिसूचित होने के बाद निर्मित व्यावसायिक भवनों पर लागू होगी।
- कोड विभिन्न जलवायु क्षेत्रों के लिए तैयार किए जाएंगे।
- ऊर्जा कुशल बल्ब, ट्यूबलाइट और कृषि पंप - सेट के माध्यम से मांग पक्ष प्रबंधन के क्षेत्र में एक प्रभावी कार्यक्रम।
- पीक और ऑफ पीक आवर्स के लिए टीओडी (टाइम ऑफ द डे) मीटरिंग और डिफरेंशियल टैरिफ को उपयुक्त जन जागरूकता और विस्तार प्रयास के साथ लागू करने की आवश्यकता है ।

9

डिस्कोम अनुभव -

डिस्कोम अनुभव -

- भारत में पहले DSM कार्यक्रमों में से एक अहमदाबाद इलेक्ट्रिसिटी कंपनी (AEC)द्वारा किया गया था जिसमें ECO परियोजना के तहत USAID सहायता के साथ 1994 में DSM सेल स्थापित करना था।
- सेल ने ग्राहकों के साथ लोड अनुसंधान डेटा, स्क्रीन वैकल्पिक ऊर्जा-दक्षता उपायों को विकसित करने और ऊर्जा विकास कंपनियों की भागीदारी के माध्यम से उन उपायों में से कुछ को लागू करने के लिए काम किया है।
- दो ESCO ने कुशल प्रकाश व्यवस्था और प्रतिक्रियाशील बिजली क्षतिपूर्ति उपायों (कैपेसिटरों के माध्यम से) को लागू करने के लिए AEC के साथ काम किया,उच्च दाब व निम्न दाब उपभोक्ता के साथ
- भारत में पहले DSM कार्यक्रमों में से एक अहमदाबाद इलेक्ट्रिसिटी कंपनी (AEC) द्वारा किया गया था जिसमें ECO परियोजना के तहत USAID सहायता के साथ 1994 में DSM सेल स्थापित करना था।
- सेल ने ग्राहकों के साथ लोड अनुसंधान डेटा,स्क्रीन वैकल्पिक ऊर्जा-दक्षता उपायों को विकसित करने और ऊर्जा विकास कंपनियों की भागीदारी के माध्यम से उन उपायों में से कुछ को लागू करने के लिए काम किया है।
- दो ESCO ने कुशल प्रकाश व्यवस्था और प्रतिक्रियाशील बिजली क्षतिपूर्ति उपायों (कैपेसिटरों के माध्यम से) को लागू करने के लिए AEC के साथ काम किया, उच्च दाब व निम्न दाब उपभोक्ता के साथ
- इससे पीक लोड बचत लगभग 10 प्रतिशत हो गई है,जिससे पीक लोड घंटों के दौरान महंगी आयातित बिजली की आवश्यकता कम हो गई है। उपयोगिता-चालित डीएसएम ने हाल ही में महत्व प्राप्त करना शुरू कर दिया है

- डीएसएम सेल की स्थापना तमिलनाडु बिजली बोर्ड और जयपुर डिस्कॉम द्वारा की गई है।
- ये सेल विशिष्ट कार्यात्मक क्षेत्रों जैसे कि विपणन और डेटा विश्लेषण पर ध्यान केंद्रित कर रहे हैं।
- अपने ऊर्जा संरक्षण और व्यावसायीकरण (ECO) परियोजना के तहत USAID ने जयपुर डिस्कॉम में DSM पहल की है।
- सरकार ऊर्जा के कुशल उपयोग को बढ़ावा देने के लिए स्व-विनियमन और बाजार - आधारित तंत्र पर जोर दे रही है।
- यह उपकरण और भवनों में ऊर्जा दक्षता के लिए क्षमता निर्माण और मानक स्थापित करने पर ध्यान केंद्रित कर रहा है।
- यह ऊर्जा लेखा परीक्षा और ऊर्जा प्रबंधकों की नियुक्ति को बढ़ावा दे रहा है।

10

स्कूलों और सामान्य सार्वजनिक क्षेत्रों में ऊर्जा संरक्षण-

स्कूलों और सामान्य सार्वजनिक क्षेत्रों में ऊर्जा संरक्षण–

- बीईई स्कूल पाठ्यक्रम के माध्यम से छात्रों के बीच ऊर्जा संरक्षण के बारे में जागरूकता बढ़ाने का भी प्रयास कर रहा है।
- वृहद स्तर पर , ऊर्जा संरक्षण के लिए आपूर्ति-प्रभुत्व वाले दृष्टिकोण से एक एकीकृत दृष्टिकोण की आवश्यकता होती है, जिसमें क्षमता में निवेश का विवेकपूर्ण मिश्रण, मौजूदा बिजली स्टेशनों की परिचालन दक्षता में सुधार,टी एंड डी हानियों में कमी,आखिरी उपभोग करता की दक्षता और रिनुएबिल टेक्नोलोजी शामिल है।
- कुछ संगठन औद्योगिक टाउनशिप में बड़े पैमाने पर शिक्षा अभियान चला रहे हैं। ये आयोजन धार्मिक रूप से ऊर्जा संरक्षण दिवस,हर साल 14 दिसंबर को आयोजित किया जाता है।

स्टेट नोडल एजेंसीज–

- अब तक 18 राज्यों ने ऊर्जा संरक्षण अधिनियम, 2001 के प्रावधानों को समन्वित करने, विनियमित करने और लागू करने के लिए नामित एजेंसियों को अधिसूचित किया है।
- ऊर्जा खपत पैटर्न - श्रेणी वार डोमस्टिक,कॉमर्शियल,इंडस्ट्रीज़,एग्रीकल्चर (कृषि),अन्य और उच्च दाब (एचटी) के पैटर्न
- ऊर्जा की खपत के स्तर को कम से कम 20% तक कम किया जा सकता है, बिना अच्छे घर को बनाए रखने और उपयुक्त संरक्षण के उपायों को अपनाने के बिना आराम और

उत्पादन के स्तर को कम करके, क्योंकि विशेष रूप से उद्योग,कृषि और घरेलू क्षेत्र में काफी अक्षमता और अपव्यय है।

- लागत प्रभावी समाधान के माध्यम से ऊर्जा के संरक्षण के लिए बहुत गुंजाइश है

11

घरेलू क्षेत्र: -

घरेलू क्षेत्र: -

- इंकेडेसेंट लैंप के संबंध में प्रकाश व्यवस्था की तुलना में गर्मी के आकार में अधिक ऊर्जा खर्च की जाती है
- कॉम्पैक्ट फ्लोरोसेंट लाइट (सीएफएल) और अब एलईडी
- प्रकाश की तीव्रता 5 गुना है
- कम लागत अधिक प्रकाश, गर्मी में कोई अपव्यय नहीं।
- 60 वाट को 15 वाट के साथ बदला जा सकता है
- पेबैक की अवधि 8 महीनेसे कम है

ऊर्जा लेखा परीक्षा के रूप में एक उपकरण के रूप में ऊर्जा लेखा परीक्षा–

- औद्योगिक क्षेत्र समान ऊर्जा खपत के लिए अन्य श्रेणियों की तुलना में अधिक भुगतान करता है। इसलिए, ऊर्जा संरक्षण (ENCON) को प्राप्त करने के लिए हर उद्योग के लिए ऊर्जा ऑडिट (EA) आवश्यक है।

ऊर्जा लेखा परीक्षा के उद्देश्य–

- प्रक्रिया में हर स्तर पर उपयोग की गई ऊर्जा को सही ढंग से मापने के लिए।
- कुल ऊर्जा बैलेंस शीट तैयार करने के लिए
- उन क्षेत्रों को पिन - पॉइंट करने के लिए जहां सरल संशोधन को अपनाकर ऊर्जा को बचाया जा सकता है, नई तकनीक में बदलाव,रिसाव को गिरफ्तार करना,अपशिष्ट उपभोग से बचना आदि।

- कार्यान्वयन के क्रम में सुझाए गए उपायों को प्राथमिकता दें और प्रत्येक की पिछली अवधि का भुगतान करें
- तय की गई प्राथमिकताओं के अनुसार उपायों को अपनाएं।

12

ऊर्जा संरक्षण अधिनियम - 2001-

ऊर्जा संरक्षण अधिनियम – 2001–

- अक्टूबर 2001 में अधिनियमित किया गया
- 1 मार्च 2002 से प्रभावी हो गया
- 1 मार्च 2002 से ब्यूरो ऑफ एनर्जी एफिशिएंसी (BEE) का संचालन किया गया
- बीईई (BEE)की भूमिका
- ईसी अधिनियम के प्रावधानों का कार्यान्वयन।
- ऊर्जा दक्षता को बढ़ावा देना
- जागरूकता सृजन

बिजली और बीईई (BEE) मंत्रालय की डीएसएम (DSM)संस्थाएं–

- बचत लैम्प (दीपक) योजना
- मानक और लेबलिंग (एस एंड एल –S & L)
- ऊर्जा संरक्षण भवन कोड
- कृषि क्षेत्र में डीएसएम
- नगरपालिका क्षेत्र में डीएसएम
- छोटे और मध्यम में डीएसएम (DSM)मूल्य क्षेत्र में प्रवेश करते हैं
- राज्य नामित एजेंसियों (एसडीएएस) की संस्थान क्षमता को मजबूत करना।

बिजली और बीईई (BEE) मंत्रालय की डीएसएम (DSM) संस्थाएं–

- ऊर्जा संरक्षण निधि (एसईएफसी) में योगदान
- राष्ट्रीय ऊर्जा संरक्षण पुरस्कार, 2010
- बढ़ी हुई ऊर्जा दक्षता के लिए राष्ट्रीय मिशन (NMEEE- नेशनल मिशन फॉर इन्हेंस्ड एनर्जी एफिसिएन्सी)
- ऊर्जा दक्षता वित्तपोषण मंच के लिए बाजार परिवर्तन
- ऊर्जा कुशल आर्थिक विकास निधि के लिए फ्रेम वर्क
- ऊर्जा संरक्षण के लिए पेंटिंग प्रतियोगिता,2010

13

बचत लैंम्प योजना -

बचत लैंम्प योजना -

- लंबे जीवन (6000 घंटे),उच्च गुणवत्ता वाली ऊर्जा कुशल कॉम्पैक्ट फ्लोरोसेंट लैंप (CFL) और एलईडी (LED)हाउस होल्ड में इंकेडेसेंट लैंप को बदलने के लिए 15 रुपये में प्रदान किए जाते हैं।
- इसके लिए सीडीएम लाभ का उपयोग किया जाता है,डिस्कॉम, सरकार और सीएफएल(CFL)और एलईडी (LED) निर्माता भागीदार हैं।
- एकल परियोजना में 7,00,000 बल्बों को बंद किया जाएगा।
- 9 - 11 वाट,13 – 15 वाट 20 - 23 वाट के सीएफएल का उपयोग 49, 60 और 100 वाट इनकेडेंस्ड लैंप की जगह के लिए किया जाता है
- 400 मिलीयन इनकेडेंस्ड लैंपों को सीएफएल (CFL) के साथ बदलकर, अतिरिक्त उत्पादन से बचने के माध्यम से मिलियन टन सीओ 2 (CO_2) रिलीज किया जा सकता है।
- 16 राज्य,45CFL निर्माता 18 निवेशकों (इन्वेस्टर) साझेदार हैं और 208 लाख CFL जारी किए जाते हैं।

14

कृषि - सेक्टर-

कृषि – सेक्टर–

- कुल खपत का 27% कृषिसेवाओं से है।

- आमतौर पर खरीदे गए एक्ल पंप सेट सस्ती लागत और कम दक्षता वाले होते हैं। यदि एक बार मोटर जल गया, तो रिवाइंडिंग अभी भी खराब घुमावदार के साथ होगी।

- यदि केवल इस पंप सेट को आईएसआई मोटर्स द्वारा निरस्त किया जाता है तो अच्छी बचत हो सकती है। 20 मिलियन पंप सेट के प्रतिस्थापन पर 62 एमयू की बचत।

- मानक फुट वाल्व और पाइप का उपयोग करने के अतिरिक्त प्रतिस्थापन में बेहतर दक्षता और नुकसान में कमी हासिल की जा सकती है।

- उचित क्षमता का कैपेसिटर का उपयोग ऊर्जा बचत करता है । उदाहरण के लिए एक 10 अश्व शक्ति की मोटर कैपेसिटर सहित उपयोग करने पर बिना कैपेसिटर के चलने से 2 से 3 एम्पीयर करेंट कम लेती है .

- कृषि से सम्बन्धित एक अलग फीडर का निर्माण कार्य जिससे आवश्यकतानुसार उस फीडर को विद्युत आपूर्ति की जावे, शेष समय फीडर बंद रखने से फीडर के नो लोड लोस कम हो जायेंगे .

- कृषि फीडर की लम्बाई और फीडर (विशेषकर 11 केवी फीडर) के लोड को एक से अधिक फीडर बनाकर कम करना . उदाहरण – फीडर के लोस (हानि) विशेषकर फीडर के लोड (करेंट) के वर्ग (स्क्वायर) तथा फीडर लम्बाई पर प्रभावित होते हैं . यदि किसी 11 केवी फीडर की लम्बाई 5– 10 किमी है, उसे किसी दूसरे विद्युत् उपकेन्द्र से जोड़कर फीडर लम्बाई कम करना . यदि फीडर लम्बाई 3– 5 किमी है लेकिन फीडर लोड (करेंट) 200 एम्पीयर है तब उस फीडर को 2 फीडरों में विभाजित कर फीडर लोड (करेंट) लगभग 100 एम्पीयर दोनों फीडरों पर करना . इससे लोस (हानि) बहुत कम होंगा . जब फीडर लोड 200 एम्पीयर रहता है तब लोस 200 का वर्ग (स्क्वायर) (200 x 200 = 40,000)

40,000.होगा, जब इस लोड को 2 फीडर 100 – 100 एम्पीयर रखते हैं तब एक फीडर का लोस (हानि) 100 का वर्ग (स्क्वायर)(100 x 100 = 10,000) 10,000.होगा और दोनों फीडर का लोस (हानि) 20,0000. होगा . इस प्रकार लोस 40,0000 . से 20,0000. हो गया इसका मतलब यह हुआ कि लोस आधा हो गया .

15

म्युनिसिपलक्षेत्र में डीएसएम (DSM)

म्युनिसिपलक्षेत्र में डीएसएम (DSM) –

- वे ऊर्जा कुशल स्ट्रीट लाइट फिटिंग के लिए जाने वाले थे। ऊर्जा बिल कभी-कभी वार्षिक बजट का 50% होता है।
- बीईई (BEE)ने स्ट्रीट लाइटिंग में निवेश ग्रेड एनर्जी ऑडिट (IGEA) के लिए एक योजना शुरू की है।
- 175 नगरपालिकाओं के लिए निवेश ग्रेड ऊर्जा लेखा परीक्षा और डीपीआर की तैयारी चल रही है। यह 2000 MW से बचने की पीढ़ी में परिणाम की उम्मीद है।

छोटे और मध्यम उद्यम में ऊर्जा दक्षता–

- 1 - बड़ी संख्या में लघु और मध्यम उद्यमों जैसे डेयरी यूनिट,राइस मिल्स, ब्रास - फाउंड्री आदि में ऊर्जा की बचत की महत्वपूर्ण क्षमता है।
- 2. - वे विभिन्न समूहों में व्यापक रूप से फैले हुए हैं।
- 3. - ऊर्जा संरक्षण मानदंड, ऊर्जा दक्षता प्रक्रिया और प्रौद्योगिकियों के बारे में जानकारी प्रदान करने के लिए बीईई ने 25 समूहों में नैदानिक (डाइग्नोस्टिक) अध्ययन शुरू किया है।
- 4. - बीईई भी प्रशिक्षण और क्षमता निर्माण के तहत होगा।

16

राज्य नामित एजेंसी (SDA- स्टेट डेजीनेटिड एजेंसी) एवं इलेक्ट्रिक यूटिलिटीज़ (विद्युत उपयोगिता संस्थाएँ)-

राज्य नामित एजेंसी (SDA– स्टेट डेजीनेटिड एजेंसी) स्कीम की सशक्तिकरण क्षमता–

- ये राज्य स्तर पर ऊर्जा संरक्षण उपायों को लागू करने के लिए संबंधित राज्यों द्वारा स्थापित वैधानिक निकाय हैं।
- एसडीए (स्टेट डेजीनेटिड एजेंसी) की 3 भूमिकाएं हैं
- अ - विकास एजेंसी
- ब - फैसिलिटेटर
- स - नियामक या लागू करने वाली संस्था
- 32 राज्यों ने एसडीएएस तैयार किए हैं
- समान ऊर्जा संरक्षण योजना (ECAP) को SDAs द्वारा अपनाया जाना विकसित किया गया है।

राज्य नामित एजेंसियां (SDAs)- स्टेट डेजीनेटिड एजेंसियां–

- 11 वीं योजना के तहत Rs.49.47 करोड़ जारी किए गए।

- एसडीएस द्वारा की गई गतिविधियों के कारण,2007 -10 (सत्यापित) के दौरान 1092.5 मेगावाट की बची हुई क्षमता बच गई है।
- 20.82 करोड़ रुपये की और रिलीज को मंजूरी दी गई।
- सभी राज्यों में एक साथ 73093 एमयू (मेगा यूनिट) की कमी हुई ।
- कुल ऊर्जा संरक्षण क्षमता 757564 मेगा यूनिट (MU)है।
- यदि ऊर्जा संरक्षण को गंभीरता से अपनाया जाए, तो घाटे को मिटाया जा सकता है।
- वर्ष 2009 और 2010 के दौरान डीएसएम के सत्यापन के अनुसार निम्नुसार विद्युत बचत हुई -

मानक एवं लेबलिंग (S & L - स्टेंडर्ड एंड लेबलिंग) कार्यक्रम से – 4350.92 मेगा यूनिट (MU) बचत जिससे 2179.31मेगावाट (MW) उत्पादन बचा और 1.3625 एमओटीई (MOT– मिलियन टन्स ऑफ़ फ्यूल एकुइलेन्ट)ईंधन (फ्यूल) की बचत हुई .

उद्योग ऊर्जा संरक्षण पुरस्कार (इंडस्ट्री एनर्जी कंजर्वेशन अवार्ड) कार्यक्रम से – 2450.60 मेगा यूनिट (MU) बचत जिससे 365.60मेगावाट (MW) उत्पादन बचा और 2.005 एमओटीई (MOTE– मिलियन टन्स ऑफ़ फ्यूल एकुइलेन्ट)ईंधन (फ्यूल) की बचत हुई .

ऊर्जा बचत स्टेट डेजीनेटिड एजेंसी (SDA) कार्यक्रम से –1874.25 मेगा यूनिट (MU)बचत जिससे 304.59 मेगावाट (MW) उत्पादन बचा और 0.5875 एमओटीई (MOTE– मिलियन टन्स ऑफ़ फ्यूल एकुइलेन्ट)ईंधन (फ्यूल) की बचत हुई .

इलेक्ट्रिक यूटिलिटीज़ (विद्युत उपयोगिता संस्थाएं)–

- ऊर्जा कुशल उत्पादों की कम कीमत के लिए सौदा करने के लिए मध्यस्थ के रूप में कार्य करें।
- यदि उपभोक्ताओं की पर्याप्त संख्या एक विशेष प्रकार के ऊर्जा कुशल उत्पाद को स्थापित करने के लिए इच्छुक है, तो ग्राहकों की ओर से उपयोगिता, कम कीमत के लिए निर्माता (उत्पाद के) के साथ सौदेबाजी कर सकती है।
- कुछ बार, हर कमी (छूट) 40% तक हो सकती है।
- ऊर्जा कुशल उपकरणों की खरीद के लिए ग्राहकों को आसान ऋण सुविधा (एक छोटा ब्याज अधिनियम) या छूट प्रदान करें। इसके बाद, उपयोगिताओं को समायोजित मासिक बिलों के माध्यम से इस पैसे को पुनर्प्राप्त किया जा सकता है।

17

ऊर्जा बचाने के कुछ सरल उपाय –

ऊर्जा बचाने के कुछ सरल उपाय –

- कमरे से बाहर जाते समय सभी लाइट व पंखों के स्विच बंद कर दें ।
- अत्याधिक आवश्यकता पड़ने पर ही एयर कंडीशनर, कूलर, हीटर, पंखा, टीवी आदि उपयोग में लायें ।
- एसी का एक डिग्री टेम्परेचर बढ़ाने से ऊर्जा की 5 % बचत होती है ।

उदाहरण – बचत % = [(अधिक टेम्परेचर – कम टेम्परेचर) / (बाहरी टेम्परेचर - कम टेम्परेचर)] 100 = [(25 -24) / (45 – 24)] 100 = (1 / 21) 100 = 5 %

- साधारण बल्व के स्थान पर ऊर्जा दक्ष सीएफएल (कांपेक्ट फ्लोरोसेंट लैंम्प) और एलईडी का उपयोग करें । 9 वाट का एलईडी बल्व, 100 वाट के साधारण बल्व के बराबर रोशनी देता है, इस तरह 91 प्रतिशत कम खपत होती है । 20 वाट की एलईडी ट्यूब लाइट, 55 वाट के साधारण ट्यूब लाइट के बराबर उजाला करता है, इस तरह 64 प्रतिशत कम बचत होती है ।
- इलेक्ट्रोनिक रेगुलेटर युक्त पंखों का उपयोग करें । 50 वाट का 5 स्टार रेटिंग पंखा, 100 वाट के साधारण पखे के बराबर बिजली उपभोग करता है । इस तरह से 50 प्रतिशत की बिजली की बचत होती है ।
- रात्रि में केवल उन्हीं कमरों में बल्वों/ट्यूब लाइटों से प्रकाश करें जहां कोई कार्य हो रहा हो । बाकी कमरों की बत्तियाँ बंद रखें ।
- कमरों की दीवारों की भीतरी सतह पर हल्के रंगों का प्रयोग करें ।

- मकान के अंदर की दीवारों को केवल सफ़ेद रंग करने से एक वर्ष में लगभग 12 – 15 % ऊर्जा की बचत होती है ।

- पतले तार कम समय में ही गर्म हो जाते हैं, इससे विद्युत क्षय तो होती है साथ ही दुर्घटना की भी संभावना रहती है ।

- ऊर्जा दक्षता सुनिश्चित करने के लिए अच्छे निर्माताओं द्वारा उत्पादित प्रमाणित आई एस आई मार्क युक्त विद्युत उपकरणों का प्रयोग करें ।

- ऊर्जा दक्षता से संबन्धित स्टार रेटिंग वाले उपकरण - ट्रांसफार्मर, ट्यूब लाइट, फ्रिज, एसी (एयर कंडीशनर) और टीवी (टेलीवीजन) ही उपयोग करें ।

- अधिक दक्षता वाले विद्युत उपकरणों तथा कम पावर के अधिक प्रकाश देने वाले बल्व जैसे एलईडी, ट्यूब लाइट सोडियम लैम्प आदि का उपयोग करें ।

- बल्व के बजाय ट्यूब लाइट का उपयोग करें । 40 वाट की ट्यूब लाइट 100 वाट के बराबर उजाला देती है ।

- अपना कार्य योजना बद्ध तरीके से करें ताकि समय का अपव्यय कम से कम हो । घरेलू कार्यों जैसे गैस – ओवन अथवा इस्तरी/प्रेस आदि में समय बद्धता महत्वपूर्ण है ।

- सुनिश्चित करें कि आपके घर की वायरिंग, प्लग, स्विच, उपकरण आदि उचित ऊर्जा – दक्षता, स्तर तथा आकार के हैं ।

- अपने साथियों/सहकर्मियों/अधीनस्थ कर्मचारियों को प्रोत्साहित करें कि वे दिन के समय कृत्रिम प्रकाश का कम से कम उपयोग करें ।

- ऐसी प्रणाली अपनाएं जिससे कमरे में किसी के ना रहने पर एसी तथा तेज रोशनी बंद हो जाये ।

- ऐसी योजना बनाएं कि भोजनावकाश में नियमित कारोबार से अतिरिक्त समय में केवल अत्यावश्यक स्थानों की ही बत्तियाँ/पंखों का प्रयोग किया जावे एवं अन्य अनावश्यक बतियां/पंखे बंद रहें ।

- कैंटीन अथवा चाय बनाने के स्थान पर बिजली की बजाय गैस का इस्तेमाल किया जावे ।

- मोटर के साथ "शंट कैपेसिटर" लगाने से "पावर फ़ैक्टर" में सुधार होता है । जिसके अनुरूप औद्यौगिक इकाई का "डिमांड बिल" (केवीए) कम हो जाता है और साधारण बिल भी कम आयेगा ।

- मोटर में समयानुसार आवश्यक रखरखाव/सुधार कार्य करें जैसे कि लुब्रीकेंट "करना, घिसी तथा पुरानी बीयरिंग को तुरंत बदलना, पत्ते व घिर्री को समय – समय पर कसते रहना आदि ।

- मोटर तथा विद्युत भार को यथासम्भव पास – पास रखें ।

- उद्योगों में समय – समय पर नई तकनीकी की जानकारी एवं क्रियाओं का उपयोग करें । इससे सभी क्षेत्रों में लगे सयन्त्रों की उत्पाद क्षमता में काफी वृद्धि की जा सकती है ।

- ऊर्जा बचत के क्षेत्रों का पता लगाएँ और ऊर्जा बचत के लक्ष्यों को प्राप्त करने के लिए कारगर उपाय/नियम बनाएँ ।
- मशीनों के व्यर्थ चलने के समय को घटाएँ, चाहे वह लापरवाही के कारण हो अथवा सेल्फ स्टार्टर में खराबी के कारण ।
- आई एस आई चिह्न वाले प्रमाणित डिलेवरी वाल्ब का उपयोग करने से विद्युत खपत में लगभग 5 % की बचत होती है ।
- मोटर एवं पम्प के शाफ़्ट को एक सीध में फिट करें इससे बीयरिंग पर कम भार पड़ता है ।
- अपनी मोटर की अर्थिंग सही ढंग से करें । पाइप लाइन में अनावश्यक मोड़ों (बेंड्स) व जोड़ों (फ्लेंज जोइंट्स) का उपयोग न करें ।
- डिलीवरी पाइप की लंबाई आवश्यकतानुसार कम से कम रखें ।

संक्षेप में –

ऊर्जा संरक्षण का विचार प्रायः यह नहीं है कि आवश्यकता में कमी की जावे और न उपयोगिता को कम किया जावे । सामन्यातः ऊर्जा संरक्षण का विचार किसी भी तरीके से ऊर्जा के दुरुपयोग को रोकना, ऊर्जा बर्वाद न करना है ।

18

पावर केपेसिटर - लाभ/ फायदा -

पावर केपेसिटर – लाभ/फायदा –

डिस्कोम लाभ -

1 - केपेसिटर लगाने से सिस्टम (प्रणाली) का पावर फैक्टर बढ़ता है।

2 - यदि फीडर का लोड 100 से अधिक 120 - 150 एम्पीयरलोड है तो कैसिटर उपयोग से लगभग 20 से 30 एम्पीयर लोड कम हो जाता है।

3 - डिस्कोम को राजस्व हानि कम होती है।

4 - केपेसिटर उपयोग से लाइनों पर लगे उपकरण कम करेंट लेने से कम गरम होंगे और पूर्ण दक्षता से कार्य करेंगे।

5 - उसी केबिल क्षमता/ट्रांसफार्मर क्षमता से अधिक कनेकशन दिये जा सकते हैं।

6 - अच्छे वोल्टेज मिलने से उपभोक्ता/विभाग संतुष्टि होगी।

उपभोक्ता लाभ -

1 - उपभोक्ता मोटर का पावर फैक्टर बढ़ता है।

2 - एक 10 अश्व शक्ति मोटर जो लगभग 15 -16 एम्पीयर करेंट ले रही थी कैपेसिटर के उपयोग होने पर लगभग 12 – 13 एम्पीयर करेंट लेगी।

3 - उपभोक्ता का कम बिल आता है।

4 - केपेसिटर उपयोग से मोटर अन्य उपकरण कम गरम होंगे व पूर्ण दक्षता से कार्य करेगे।

5 - मोटर कम करेंट लेने के कारण कम बिजली खर्च करेगी।

6 - अच्छे वोल्टेज मिलने से कम यूनिट और बिल कम होगा, उपभोक्ता को लाभ होगा।

उदाहरण –

- जब एक 10 अश्व शक्ति की मोटर केपेसिटर के सहित चलती है तब वह मोटर लगभग3 एम्पीयर करेंट कम लेती है, उससे जब वह बिना केपेसिटर के चलती है ।
- एलटी में 3 एम्पीयर करेंट = वर्गमूल 3 गुणा केरेंट गुणा वोल्टेज = केवीए =
- 1.732 x 3 x 0.4 = 2.0784 केवीए, जिसे 2 केवीए मान लेते हैं । यदि पावर फेक्टर 0.8 हो तो 1.6 किलोवाट बनेगे ।
- यदि एक मोटर दिन में 6 घंटे चलती है तब 9.6 यूनिट बनेगे जिसे 10 यूनिट मान लेते है, तब 1 महीने में 300 यूनिट की बचत होगी
- रुपये 6 प्रति यूनिट टेरिफ़ रेट मान ले तब रुपये 1800 हुए जो बचेंगे
- जबकि 10 अश्व शक्ति की मोटर पर स्थापित क्षमता के केपेसिटर की कीमत इससे कम होगी ।
- कहने का आशय यह है कि केपेसिटर की कीमत 1 माह में ही वसूल हो गई ।
- साधारण नियम – एलटी सिंगल फेज मोटर प्रति हॉर्स पावर 3.5 एम्पीयर करेंट तथा थ्री फेज मोटर प्रति हॉर्स पावर 1.25 एम्पीयर करेंट ले रही है तो स्थिति ठीक है अन्यथा अधिक करेंट लेना यह प्रदर्शित करता है कि पावर फेक्टर कम या वोल्टेज कम है जिससे मोटर अधिक करेंट ले रही है, ऐसी स्थिति में केपेसिटर लगाना अनिवार्य है ।

पावर कैपेसिटर – लाभ/फायदा – 33/11 केवी उपकेन्द्र

- कैपेसिटर उप केन्द्रों और वितरण ट्रांसफार्मरों तथा उपभोक्ता परिसर में मीटर के बाद इंडक्सन मोटर पर लगाए जाते हैं । इनका मुख्य कार्य पावर फेक्टर में सुधार करना होता, यद्यपि पावर फेक्टर सुधार के साथ - साथ वोल्टेज सुधार भी होता है, बिजली की खपत कम होती है जिससे बिजली बिल भी कम होता है और एक समान लोड के लिए बिना केपेसिटर व केपेसिटर सहित, करेंट केपेसिटर सहित स्थित में कम होगा और केपेसिटर रहित स्थिति में करेंट ज्यादा होगा । एक 11 केवी फीडर पर लोड 120 एम्पीयर है बिना केपेसिटर के तो केपेसिटर चालू रखने की स्थित में वह 100 एम्पीयर होगा अर्थात 20 एम्पीयर करेंट की बचत होगी ।
- एचटी कैपेसिटर उपयोग से बचत का आंकलन और आपरेटर कर्मचारी योगदान -
- जब एक फीडर पर केपेसिटर चालू रहता है तब लगभग 20 एम्पीयर की बचत होती है, जब फीडर का लोड बिना केपेसिटर के 120 - 150 एम्पीयर रहता है । यह फीडर 11 केवी लाइन होती है । पहले हम गणना कर चुके हैं कि 11 केवी फीडर का एक एम्पीयर करेंट 20 केवीए के लगभग होता है और पावर फेक्टर 0.8 मान लें तब किलोवाट (20) (0.8) केवीए कोस फ़ाई = 16 किलोवाट लोड इस लोड को एक घंटे प्रयोग करते हैं तब यूनिट = 16 किलोवाट आवर = 16 यूनिट हुई और उसकी कीमत रुपये 6 प्रति यूनिट से रुपये 96 हुए जिसे रुपये 100 मान लेते हैं । कहने का आशय यह है कि एक एम्पीयर लोड एक

घंटे में 16 किलोवाट लोड कम करता है और रुपए 100 की बचत करता है । फीडर पर 20 एम्पीयर बचत के समय एक घंटे में 320 किलोवाट लोड कम और रुपये 2000 की बचत करेगा । यदि यही लोड 10 घंटे चला तो बचत रुपये 20,000 (बीस हजार) प्रतिदिन होगी और एक माह की बचत (20,000)(30)=600,000 (छ: लाख) रुपये की होगी । जो कि कई कर्मचारियों के मासिक वेतन से अधिक है । यह बचत उप - केंद्र पर पदस्थ कर्मचारी/ऑपरेटर का योगदान है । इससे केपेसिटर की उपयोगिता स्वत; सिद्ध होती है । उसी प्रकार उपभोक्ता द्वारा केपेसिटर प्रयोग करने से आर्थिक लाभ के साथ वोल्टेज सुधार भी होता है ।

केपेसिटर पर कार्य करने से पूर्व यह सुनिश्चित करले कि केपेसिटर डिस्चार्ज अवश्य हो |

19

ऊर्जा संरक्षण मुहावरे -

ऊर्जा संरक्षण मुहावरे –

ऊर्जा हम बनायेंगे, ऊर्जा हम बचायेंगे । ऊर्जा का सही उपयोग, जन – जन को समझायेंगे ॥

अक्षय ऊर्जा के साधन अपनाएं, देश को ऊर्जावान बनाएं ।

अक्षय ऊर्जा से होगा देश का विकास, गांव – गांव बिजली घर – घर प्रकाश ।

अक्षय ऊर्जा विकल्प ही नहीं पूर्ण समाधान है ।

बिजली का गम नहीं, अक्षय ऊर्जा कम नहीं ।

जानो अब तुम चतुर किसान, अक्षय ऊर्जा है वरदान ।

सौर ऊर्जा, जल विद्युत से अपना काम चलाएं । परम्परागत संसाधनों को भविष्य के लिए बचाएं ॥

जन – जन के मुंह पर (में) एक ही बात । करें देश का विकास, गैर परम्परागत ऊर्जा के साथ ।।

बनेगा ये भारत स्वर्ग अपना, जब होगा ऊर्जा संरक्षण का सपना ।

ऊर्जा के हैं विभिन्न स्रोत, उपयोग करना इनका रोज ।

ऊर्जा के उपयोग में मितव्ययी बनें, ऊर्जा का दुरुपयोग रोकें ।

अधिकाधिक अक्षय ऊर्जा स्रोतों का उपयोग कर, भविष्य को उज्जवल बनायें ।

अधिकाधिक अक्षय ऊर्जा स्रोतों का उपयोग कर, धन व ईंधन की बचत करें ।

ऊर्जा की समस्या पर सोचें, समझें और अमल करें ।

ऊर्जा बचत -

देश प्रेम की भावना जगाइये, राष्ट्र हित में ऊर्जा बचाईये ।

ऊर्जा नहीं यह सोना है, व्यर्थ नहीं इसे खोना है ।

जब भी भैया बाहर जाओ, घर बत्ती अवश्य (जरूर) बुझाओ ।

चोरी नहीं हैं खेल, इसमें है तीन साल की जेल ।

बिजली चाहिए नियमित, खर्च करो सीमित ।

राष्ट्र हित में ऊर्जा की बचत ही ऊर्जा का उत्पादन है ।

स्व हित एवं राष्ट्र हित में बिजली बचाएं ।

कृपया विद्युत का अनावश्यक एवं अनाधिकृत उपयोग न करें ।

विद्युत बिलों का निश्चित तिथि तक भुगतान कर, कनेकशन कटने एवं सरचार्ज की असुविधा से बचें ।

विद्युत हम बनाएंगे, विद्युत हम बचाएंगे । विद्युत का सही उपयोग जन – जन को समझाएंगे ॥

दुर्घटना के तीन कारण – मैं नहीं सुनता, मैं नहीं बोलता, मैं नहीं सलाह लेता ।

20
अक्षय ऊर्जा (रिनुएबिल एनर्जी - नवकरणीय ऊर्जा)

अक्षय ऊर्जा (रिनुएबिल एनर्जी – नवकरणीय ऊर्जा)

उद्देश्य – ऊर्जा के गैर परम्परागत स्रोत (अक्षय स्रोत) के बारे में जानना, दैनिक उपयोग में लाना, ऊर्जा का बेहतर उपयोग करना, व्यर्थ दुरुपयोग, जहां हो रोकना, ऊर्जा संरक्षण करना ।

ऊर्जा – किसी भी गतिशील या विशेष स्थिति में स्थिर वस्तु के कार्य करने की सम्पूर्ण क्षमता को उस वस्तु की ऊर्जा कहते हैं । ऊर्जा के अनेक रूप हैं जैसे – यांत्रिक ऊर्जा (मैकेनीकल एनर्जी), गतिज (काइनाइटिक) ऊर्जा, स्थितिज (पोटेंशियल) ऊर्जा, ऊष्मीय (थरमल) ऊर्जा, प्रकाश (लाइट) ऊर्जा, चुम्बकीय (मैंगनेटिक) ऊर्जा, विद्युत (इलेक्ट्रीकल) ऊर्जा, ध्वनि (साउंड) ऊर्जा, रासायनिक (केमीकल) ऊर्जा, नाभिकीय (न्यूक्लीयर) ऊर्जा, सौर (सोलर) ऊर्जा, पवन (विंड) ऊर्जा, जैविक (बायो मास) ऊर्जा, ज्वारीय (टाइडल) ऊर्जा, भूगर्भीय (जियो थरमल) ऊर्जा, सुप्त ऊर्जा, जाग्रत ऊर्जा, मानवीय ऊर्जा आदि । इन्हें मुख्यत: दो भागों में विभाजित किया जाता है : - 1 – परम्परागत ऊर्जा स्रोत (कन्वेन्शनलसोर्स ऑफ एनर्जी) या क्षय ऊर्जा स्रोत (नॉन रिनुएवल सोर्स ऑफ एनर्जी)

2 – गैर परम्परागत ऊर्जा स्रोत (नॉन कन्वेन्शनल सोर्स ऑफ एनर्जी) या अक्षय ऊर्जा स्रोत (रिनुएवल सोर्स ऑफ एनर्जी)

परम्परागत ऊर्जा स्रोत या क्षय ऊर्जा स्रोत –

भूमि के अन्दर पाये जाने वाले वे पदार्थ हैं जिनमें कार्बन और हाइड्रोकार्बन हैं । इन पदार्थों को जीवाश्म (फोसिल) कहते हैं । कोयला, तेल, प्राकृतिक गैस आदि जीवाश्म (फोसिल) हैं । नाभिकीय ऊर्जा को भी परम्परागत ऊर्जा मानते हैं, यह यूरेनियम से प्राप्त होती है । विश्व की ऊर्जा आपूर्ति जीवाश्म (फोसिल) ईंधन से होती है ।

परम्परागत ऊर्जा स्रोत तेजी से घट रहे हैं और निरन्तर बढ़ते उपभोग से समाप्त होने की संभावना है, साथ ही कोयले के अधिक उपयोग से होने वाले प्रदूषण भी एक गंभीर समस्या

है । नाभिकीय ऊर्जा के लिए उच्च तकनीकी की आवश्यकता होती है तथा उसके रेडियो धर्मी सक्रिय व्यर्थ पदार्थ के उपभोग की समस्या आती है । अत: भविष्य में ऊर्जा की मांग की पूर्ति के लिए –

ऊर्जा के गैर परम्परागत स्रोतों (अक्षय स्रोतों) का उपयोग करना पड़ेगा । क्योंकि -

1. - देश में ऊर्जा की खपत निरन्तर बढ़ रही है जो मुख्यत: जीवाश्म (फोसिल) के स्रोत - कोयला, तेल और गैस की उपलब्धता पर निर्भर है । इसके लगातार उपयोग से निश्चित रूप से इनकी उपलबद्धता में कमी आएगी ।
2. - तेल और गैस का बढ़ती कीमतों से विदेशी मुद्रा विनियमन प्रभावित होगी ।
3. - राष्ट्रीय अर्थव्यवस्था की वृद्धि में भी कमी आएगी ।
4. - लगातार बढ़ते फोसिल फ्यूल के उपयोग से पर्यावरण की गंभीर समस्याएँ भी आएंगी ।
5. - गैर परम्परागत (नॉन कनवेशनल) ऊर्जा स्रोत अक्षय स्रोत (रिनुएबिल) एवं पर्यावरण अनुकूल हैं

अत: ऊर्जा संरक्षण के लिए ठोस कदम उठाने होंगे ।

गैर परम्परागत/अक्षय/ नवकरणीयऊर्जा स्रोत (नॉन कान्वेंशनल/रिनुएबिल एनर्जी सोर्स)–

ऊर्जा के गैर परम्परागत स्रोत जीवाश्म (फोसिल) नहीं हैं, यह स्रोत प्राय: भूमि के ऊपर, अन्दर दोनों हैं । ऊर्जा के अक्षय स्रोत प्रकृति में निरन्तर उपलब्ध रहते हैं, कभी समाप्त/ खर्च नहीं होते हैं । जैसे – लकड़ी जंगल से काटकर जलाने के लिए उपयोग की जाती है तो जंगल में पुन: पेड़ लगाकर पैदा की जाती है । इस तरह लकड़ी खत्म नहीं होती है, बशर्ते वृक्षारोपण न किया जावे । इसमें मुख्यत: सूर्य ऊर्जा, जल प्रपात, पवन ऊर्जा, कृषि एवं जानवरों के अपशिष्ट (वेस्ट) एवं जैविक (बायो मास) खाद, गोबर गैस, ज्वारीय ऊर्जा, भूमि ऊष्मीय ऊर्जा स्रोत आदि गैर परम्परागत ऊर्जा स्रोत कहलाते है जिनका संक्षिप्त विवरण निम्नानुसार है –

21

सौर ऊर्जा (सोलर एनर्जी) –नवकरणीय ऊर्जा (रिनुएबिल एनर्जी) -

सौर ऊर्जा (सोलर एनर्जी) –नवकरणीय ऊर्जा (रिनुएबिल एनर्जी) -

सौर ऊर्जा का तात्पर्य सूर्य द्वारा उत्पन्न की गई तथा विकसित की गई ऊर्जा से प्राप्त होता है, परन्तु सौर ऊर्जा का अर्थ सूर्य की ऊर्जा से लगाया जाता है, जो पृथ्वी पर पहुँचती है । सौर ऊर्जा पृथ्वी पर विकिरण के रूप में पहुँचती है और इन्हें प्रत्यक्ष या परोक्ष विधि द्वारा अन्य रूपों में स्थान्तरित किया जा सकता है । जैसे ऊष्मीय ऊर्जा, विद्युत ऊर्जा आदि में जिसका उपयोग मानव द्वारा किया जाता है । सूर्य करोड़ों वर्षों से स्थिर दर से ऊर्जा विकसित कर रहा है । इसलिए सूर्य का उपयोग ऊर्जा का अक्षय स्रोत माना जाता है ।

ऊर्जा संरक्षण के नियम अनुसार ऊर्जा न तो उत्पन्न की जाती है और न ही नष्ट की जा सकती, केवल अवस्था परिवर्तन हो सकती है । (एनर्जी नाइदर केन बी प्रोड्यूस्ड नॉर केन बी कंजर्वड,इट केन बी कन्वर्टेड फ्रोम वन स्टेट टू एनदर स्टेट) ।

वेद वाक्य "ब्रह्म सत्यं जगत मिथ्या", वैज्ञानिक सूत्र – " ई = एम सी स्क्वायर " तथा रामचरित मानस की यह चौपाई – " "सकल पदारथ हैं जग माहीं ", " परिवर्तन ही जीवन है " (चेंज इज लाइफ), श्रीमद भगवत गीता में गीता सार - " आत्मा अमर है, आदि ऊर्जा अक्षय स्रोत को ही प्रदर्शित करते हैं ।

जब सूर्य नहीं दिखता है और ऊर्जा को संचित नहीं किया जा सकता है, सौर ऊर्जा को हाइड्रोजन उत्पन्न करके या अन्य यांत्रिक ऊर्जा के रूप में या विद्युतीय युक्तियों में संचित किया जा सकता है, यही अवस्था परिवर्तन कहलाता है । इसका संचय रसायन से भरे पात्रों (बैटरियों) में भी किया जा सकता है । लवणों को कम आयतन में अधिक ऊर्जा संचित करना, गर्म करने पर पिघलना और ऊष्मा उत्सर्जित करके ठंडा होना तथा क्रिस्टलीकृत होना, सौर ऊर्जा के उपयोग की ओर संकेत करता है । सौर ऊर्जा के उपयोग का बहुत महत्व

है, क्योंकि सूर्य वर्ष के अधिकांश भाग में चमकता है । वायु ऊर्जा भी सौर ऊर्जा का एक ही एक रूप है क्योंकि वायु का प्रवाह और ऊर्जा द्वारा पृथ्वी की सतह को असमान रूप से गर्म करने के कारण है । बायोमास ऊर्जा भी सौर ऊर्जा का एक अन्य रूप है क्योंकि बायोमास सौर विकिरण की उपस्थिति में प्रकाश संश्लेषण अभिक्रिया से बनते हैं । तरंग ऊर्जा भी सौर ऊर्जा का ही एक रूप है, क्योंकि समुद्र में तरंगें पवन के कारण बनती हैं, सौर ऊर्जा का एक रूप है ।

सौर ऊर्जा प्रणाली –

- सौर प्रणाली सौर ऊर्जा का विद्युत ऊर्जा में रूपांतरण है। यदि आप भी इस बिजली को रात के उपयोग के लिए स्टोर करने या बिजली कंपनी को अतिरिक्त बेचने के लिए इंतजार कर रहे हैं, तो कृपया ध्यान दें कि वोल्टेज/वर्तमान/प्रत्येक चरण में नुकसान होगा या मोड हेरफेर। ताकि वांछित बिजली के स्तर को बनाए रखने के लिए आवश्यक क्षेत्र में वृद्धि हो।

- डीसी आउटपुट वोल्टेज का रूपांतरण/कोशिकाओं का करंट बैटरी को चार्ज करने के लिए एक अच्छी तरह से डिजाइन प्रणाली के लिए 85% कुशल है। बैटरी और वायरिंग हार्नेस स्वयं में कुछ छोटे आंतरिक प्रतिरोध होते हैं जो चार्ज पर छोटा नुकसान पैदा करते हैं और अधिकांश मामलों में लगभग 30% का निर्वहन करते हैं ।

- एक अधिक उपयोगी A.C. फॉर्म के लिए D.C. बैटरी आउटपुट को चार्ज करने के लिए लीगेसी एप्लिकेशन के साथ उपयोग करने या पावर कंपनी को अतिरिक्त बिक्री करने के लिए, इन्वर्टर के उपयोग की आवश्यकता होती है। ये ज्यादातर मामलों में 82-85% कुशल हैं। सौर सेल क्षेत्र में इसी वृद्धि को पूरा होने वाले सिस्टम डिज़ाइन में प्रकट होने वाले प्रत्येक चरण के लिए एक किलोवाट स्तर बनाए रखने की आवश्यकता होगी।

- पृथ्वी का एक वर्ग मीटर क्षेत्र सौर ऊर्जा के एक किलोवाट को अवशोषित करता है लेकिन चूंकि पैनल केवल 15% हैं - 18% कुशल इसलिए एक वर्ग मीटर में उत्पन्न बिजली 150 W से 180 W तक होती है, इसलिए हाँ लगभग 10 वर्ग मीटर क्षेत्र की आवश्यकता होगी ।

- सौर पेनल्स-

- अँगूठा-नियम (थम्ब रूल) के रूप में, 1 मेगावाट सौर पीवी सेल = 1 एकड़ भूमि । 1 किलोवाट सौर प्रणाली = 100 वर्ग फीट (9.2 वर्ग मीटर लगभग 10 वर्ग मीटर)स्वच्छ छाया मुक्त स्थान ।

- तो, 1 किलोवाट सौर छत शीर्ष = 10 वर्ग मीटर सौर पी.वी. प्रणाली

- सनी (सूर्य) समय - 9.30 घंटे से 15.30 घंटे (6 घंटे लगभग) है।

- MPPT - अधिकतम पावर प्वाइंट ट्रैकिंग - तकनीक

- MPPT क्षमता 95%

सौर प्रणाली – लागत–

सौरप्रणाली – लागत/कीमत/मूल्य - संसाधन (कैपेक्स) व्यय/खर्च: -

1 K W सिस्टम बिना बैटरी बैकअप रु. 75,000. रु. 85,000. 30% M N R E सब्सिडी को छोड़कर । वर्तमान में औसतन रु. 50,000.प्रति किलोवाट

अब बैटरी का आकार इस बात पर निर्भर करेगा कि आपको कितना बैकअप लोड चाहिए । मानलीजिए कि आपको 500 व्हाट का बैटरी बैकअप चाहिए, जो कि रु. की अतिरिक्त लागत होगी । R s . 5,000. और R s . 10,000.fo r 1 K w h बैकअप ।

लगभग उसी के लिए विभाजित (रु.80,000) नीचे सूचीबद्ध है - पी.वी. मॉड्यूल – R s. 33,000., इन्वर्टर R s. 23,000. रुपये में छूट । 16,000. और स्थापना रु. 8,000.

सौर प्रणाली –परिचालन (ओपरेशनल)/रखरखाव (मेंटीनेंस)– व्यय: -

- सौर पैनलों के लिए रखरखाव प्रभार कम हैं आमतौर पर पी.वी. मॉड्यूल में कम से कम पहले 10 वर्षों के लिए रेटेड क्षमता का 90% उत्पादन क्षमता है और धीरे - धीरे अगले 15 -20 वर्षों में रेटेड के 80% तक कम हो गई है।
- लागत – रु. 75 से रु. 85 हजार प्रति K W P (किलोवाट पैनल) और बैटरी बैक अप के साथ आपकी इच्छा की बैटरी की क्षमता पर निर्भर करेगा लेकिन लगभग रु. 140 से रु. 160 प्रति W P (वाट पैनल)

सौर–प्रणाली- (A rrays) (सौर सेल): -

- एक सौर सारणी छोटे फोटो-वोल्टाइक (P. V.) मॉड्यूल का एक परस्पर जुड़ा हुआ सिस्टम है जिसे P कहा जाता है। वी. सेल या सौर सेल। ये कोशिकाएं, जब श्रृंखला में जुड़ी होती हैं (एक के बाद एक) बैटरी का एक बैंक बदल सकती हैं जो ऊर्जा को स्टोर करेगी जब तक कि जरूरत न हो। इन्वर्टर नामक एक उपकरण को बैटरी के बीच रखा जाता है और अंतिम भार को इस ऊर्जा को बिजली में परिवर्तित किया जाता है जिसका उपयोग आपकी रोशनी और उपकरणों को बिजली देने के लिए किया जा सकता है।

प्रत्येक सौर की एक विशिष्ट रेटिंग होती है कुछ 50 W , 80 W , 120 W होती हैं। जिसका अर्थ है कि आदर्श सनी (सूर्य) परिस्थितियों में यह कितनी शक्ति का उत्पादन कर सकता है। जैसा कि आप देख सकते हैं। पैनलों को वाट्स में मापा जाता है, फिर भी अधिकांश उपकरणों की ऊर्जा जरूरतों को किलोवाट में मापा जाता है, इसलिए दैनिक ऊर्जा जरूरतों को पूरा करने केलिए इन सौर सरणियों की एक संख्या की आवश्यकता होती है।

- मान लीजिए कि प्रति दिन 3 इकाइयां खपत होती हैं, तो एक महीने में 90 इकाइयों की खपत होगी।

- 3 K W h प्रति दिन सूर्य प्रकाश के 6 घंटे से विभाजित = सौर एरे से 0.5 K w .
- हमारे पास 50 डब्ल्यू, 80 डब्ल्यू, और 120 डब्ल्यू पैनल (आज उपलब्ध सबसे बड़ी इकाई में से एक) है, फिर हमें आवश्यकता होगी -
- 0.5 K W /50 W = 10 नंबर सौर सेल
- 0.5/80 W = 6.2 (7) संख्या सौर सेल

0.5/120 W = 4.2 (5) संख्या सौर सेल

22

पवन ऊर्जा, जैविक ऊर्जा

पवन ऊर्जा (विंड एनर्जी)– हवा के प्रवाह को पवन ऊर्जा कहते हैं । पृथ्वी पर सूरज की किरणों से कुछ स्थान गर्म हो जाता है । वहां की हवा भी गर्म हो जाती है, जिससे हवा का घनत्व कम हो जाता है । जब हवा ठंडे स्थान पर होती है, उसका घनत्व ज्यादा होता है । इस प्रकार हवा के घनत्वों से हवा के दाब में अन्तर हो जाता है जिससे हवा अधिक दाब से (ठंडे स्थान) कम दाब (गर्म स्थान) की ओर प्रवाहित होती है । इस प्रकार पृथ्वी पर तापमानों के अन्तर के कारण पवन ऊर्जा प्राप्त होती है । पवन चक्की पवन ऊर्जा का मुख्य उपयोग है ।

जैविक ऊर्जा (बायोमास, बायो गैस एनर्जी) - जैविक ऊर्जा स्रोत ऐसे कार्बनिक पदार्थ हैं जो, पृथ्वी पर उत्पन्न पौधों के तथा पानी में उत्पन्न पौधों के निकले व्युत्पन्न हैं । जंगलों, पानी के पौधों, खेतों में मिलने वाले व्यर्थ पदार्थों तथा जानवरों के गोबर से प्राप्त होने वाले कार्बनिक पदार्थ जैविक ऊर्जा के स्रोत हैं । जैविक ऊर्जा, सौर ऊर्जा का दूसरा रूप कहा जा सकता है, क्योंकि जंगलों में वृक्ष, खेतों में फसलें, समुद्र में पौधों का विकास सौर ऊर्जा से ही होता है । जिन स्थानों में सौर ऊर्जा पर्याप्त मात्रा में उपलब्ध नहीं होती वहां पर पौधे बढ़ नहीं पाते । अत: जैविक ऊर्जा का मूल आधार सौर ऊर्जा ही है । गोबर, खेतों में व्यर्थ पाये जाने वाला भूसा, वृक्षों की पत्तियां, खेतों की फसलों से मिलने वाले पुआल (पराली),खेतों का कूड़ा कचरा, मनुष्यों का ताज्य या मलमूत्र या मलजल बायो गैस के मुख्य स्रोत हैं ।

23

ज्वारीय ऊर्जा, भूगर्भीय ऊर्जा

ज्वारीय ऊर्जा (टायडल एनर्जी) –ज्वार के समय जल की सतह चंद्रमा की ओर उठती है, और उसी में ठोस पृथ्वी पानी से दूर विपरीत दिशा में खींचती है ।इस प्रकार इन दोनों क्षेत्रों में ऊंचे ज्वार उत्पन्न होते हैं और नीचे ज्वार मध्य के बिन्दुओं में उत्पन्न होते हैं, जैसे पृथ्वी घूमती है, चंद्रमा के सापेक्ष पृथ्वी का क्षेत्र बदल जाता है । फलत: ज्वार की स्थिति बदल जाती है । इस प्रकार छोटे तथा बड़े ज्वार आवर्ती रूप से बढ़ते हैं । ज्वारों में बहुत अधिक ऊर्जा संचित रहती है ।

भूगर्भीय ऊर्जा (जियो थर्मल एनर्जी)– पृथ्वी के अन्दर से प्राप्त होने वाली ऊर्जा भू ऊष्मीय ऊर्जा है । इस प्रकार की ऊर्जा ज्वालामुखी क्षेत्रों या गरम पानी के झरनों से प्राप्त होती है । जमीन में गहरे छेद करने से उष्णोत्स (गीजर्स) फूटकर निकलते हैं । इस प्रकार जमीन के अन्दर की ऊर्जा विद्युत शक्ति संयंत्र चलाने के कार्य आ सकती है ।

गैर परम्परागत ऊर्जा (अक्षय/रिनुएबिल/नवकरणीय ऊर्जा स्रोत) के उपयोग –

1. सौर ऊर्जा मकानों को ठंडा या गरम करने में ।
2. सौर ऊर्जा से जल गरम करने में ।
3. सौर आसवन ।
4. समुद्र के जल का वाष्पीकरण करके नमक बनाने में ।
5. सौर कुकर ।
6. सौर इंजन तथा जल पम्पिंग में ।
7. प्रशीतन (रेफ्रीजेशन) में
8. वायु ऊर्जा तथा वायु रूपान्तरण (बायो कन्वर्सन) में
9. सौर भट्टी में ।
10. सोलर विद्युत शक्ति उत्पन्न करने में ।

11. सौर फोटो वोल्टायिक सैल्फ प्रकाश उत्पन्न करने में ।

12. पवन ऊर्जा वाली पवन चक्की से कोई प्रदूषण नहीं होता ।

13. जंगलों से, खेतों से, समुद्र से प्राप्त होने वाले बायो मास ठोस पदार्थ लकड़ी, कोयला, खेतों की फसलों का भूसा, व्यर्थ पदार्थ, जानवरों के गोबर से बायो मास, बायो गैस बनती है ।
    अत: जन को जल, जंगल, जमीन व जानवरों के संरक्षण को प्रोत्साहित किया जावे ।

14. बायो मास/बायो गैस ग्रामीण क्षेत्रों में प्रकाश व्यवस्था/घरेलू रसोई में मददगार होती है तथा व्यर्थ पदार्थ गोबर खाद के काम आता है ।

अत: अक्षय ऊर्जा के साधन अपनाएं, देश को ऊर्जावान बनाएँ । किसान को शासन द्वारा सबसिडी भी प्रदान की जाती है ।

24

सौर (सोलर) पम्प -

सौर (सोलर) पम्प - सौर पम्प लगाने के लिए शासन द्वारा सब्सिडी भी प्रदान की जाती है । किसानों के लिए यह योजना काफी लाभप्रद है क्योंकि एक तो उन्हें बिजली बिल चुकाने के झंझट से मुक्ति मिलेगी, दूसरा बिल भुगतान न होने की स्थिति में कनेकशन कटने जैसी स्थित भी नहीं होगी, तीसरे यह फायदा भी होगा कि अतिरिक्त बिजली बेचकर वे मुनाफा भी कमा सकेंगें । इस योजना का तकनीकी पक्ष जहां नवीन ऊर्जा विभाग देखेगा तो कृषि विभाग भी इसकी मोनीटरिंग करेगा । अब किसान सोलर बुल्क मशीन(सौर गाड़ी मशीन) से भी पम्प चला सकेंगें । इसे एक स्थान के अलावा दूसरे स्थानों पर भी उपयोग किया जा सकेगा । सौर ऊर्जा के प्रति किसानों का रुझान बढ़ाने के लिए सोलर बुल्क मशीन तैयार की गई है । इसमें बड़े खेतों में पानी देने वाला पम्प चला सकेंगें । इसकी सबसे बड़ी खासियत (विशेषता) यह है कि इसे वाहन पर रखकर कहीं भी ले जाया सकता है । जैसे ही इसे ऑन किया जाएगा, इसकी चार्जिंग तुरन्त चालू हो जाएगी । इससे पम्प को जितनी देर चाहें उतनी देर तक चलाया जा सकेगा । तीन हॉर्स पावर की मशीन में आठ सोलर पैनल का उपयोग किया गया है । इसे चार्ज करने की जरूरत नहीं है । अभी तक सबसे बड़ी परेशानी यह आ रही थी, जो किसान सोलर पम्प का उपयोग कर खेतों पर पम्प चला रहे थे, उनके पैनल कई बार चोरी अथवा क्षतिग्रस्त हो जाते थे, लेकिन इस मशीन (सोलर बुल्क मशीन) से उन्हें छुटकारा मिल गया ।

25

सौर पैसिव भवन –

सौर पैसिव भवन – (ऊर्जा बचत का महत्वपूर्ण माध्यम): -

विकास की प्रक्रिया में ऊर्जा का महत्वपूर्ण योगदान है । वस्तुत: विकास के स्तर को सामान्यत: प्रति व्यक्ति खपत से नापा जाता है । अब यह सुनिश्चित रूप से प्रमाणित हो चुका है कि ऊर्जा की बढ़ती हुई मांग को पूरा करने के लिए परम्परागत ऊर्जा स्रोतों के साथ – साथ अपराम्परारिकऊर्जा स्रोतों का विकास करना एवं उनका उपयोग करना आवश्यक है । अपराम्परारिक ऊर्जा स्रोतों के उपयोग की स्वत: ही एक विशेषता यह है कि ये स्रोत अक्षय और एवं परम्परागत एवं स्वदेशी हैं । इनसे स्वच्छ ऊर्जा प्राप्त होती है जिससे पर्यावरण और पारिस्थितिकी के संरक्षण में सहायता मिलती है ।

ऊर्जा कुशल भवन –

भारत न केवल भौगोलिक दृष्टि से बल्कि जलवायु की दृष्टि से भी एक विशाल देश है । इसे विभिन्न मौसमी दशाओं वाले छ: क्षेत्रों में बांटा गया है । रहने कार्य करने के स्थान को आरामदायक रखने के लिए सौर पैसिव और/अथवा सक्रिय अवधारणा के साथ विभिन्न शिल्प डिज़ाइनों को अपनाया जा सकता है । इस अवधारणा से नकेवल कम प्रदूषण समस्याओं के साथ आरामदायक परिस्थितियां उपलब्ध कराई जा सकती हैं बल्कि वाणिज्यिक ऊर्जा निवेश भी बचत करने में सहायता मिल सकती है । यद्यपि देश में कुछ पैसिव विशेषता में परम्परागतभवन निर्माण शिल्प की खास बातें हैं, तथापि इस क्षेत्र में सौर ऊर्जा और संबन्धित दिशाओं में नए उत्साह के साथ बल मिला हैं । भारतीय प्रौद्योगिकी संस्थान दिल्ली, देवी अहिल्या विश्वविद्यालय इंदौर और टाटा एनर्जी रिसर्च इंस्टीट्यूट नई दिल्ली में भी इस क्षेत्र में कई परियोजनायें प्रायोजित की गई हैं जिनके फलस्वरूप विभिन्न जलवायु क्षेत्रों के लिए पैसिव भवनों के डिज़ाइनों का विकास, पैसिव भवनों के निर्माण के लिए उपकरणों और सहायक सामग्रियों का विकास और संबन्धित क्षेत्र में नई अवधारणाओं की परख संभव हुई है । दिन में रोशनी की अवधारणा की भी पड़ताल की गई है । राष्ट्रीय उत्पादकता परिषद (नेशनल प्रोडिक्टिविटी काउंसिल) नई दिल्ली में प्रायोजित एक सर्वेक्षण

के माध्यम से वाणिज्यिक ऊर्जा आधारित उपकरणों के प्रतिस्थापन । अनुपूरण के लिए घरेलू/औद्योगिक भवनों में ऊर्जा उपयोग पद्धति के आकलन के लिए एक अध्ययन किया जा रहा है । विभिन्न संस्थाओं में प्रायोजित अनुसंधान परियोजनाओं के अन्तर्गत विकसित डिज़ाइनों विशेषताओं को नए निर्मित किए जाने वाले भवनों के लिए अपनाया जाएगा ।

केंद्रीय लोक निर्माण विभाग द्वारा नेहरू नगर नई दिल्ली में निर्मित किए गए । 36 मकान इसका प्रमाण हैं । विभिन्न राज्यों/संघ क्षेत्रों में भवन निर्माताओं और उपयोग कर्ताओं के बीच जागृति पैदा करने के लिए कार्यशालायें चलाकर इस प्रक्रिया को सुदृढ़ किया जा रहा है । पैसिव भवन निर्माण में वास्तु शास्त्र का भी समुचित उपयोग किया जा रहा है ।

विकिरण मोनीटरिंग – किसी अक्षांश स्थान पर प्राप्त विकिरण अक्षांश और ऊंचाई के अलावा मौसमी दशाओं पर निर्भर करता है । अलग – अलग स्थानों पर विभिन्न सौर विकिरण को ध्यान में रखते हुए किसी एक विशेष स्थान के लिए सौर ऊर्जा आधारित युक्तियों के निर्माण के लिए इस प्रकार के आंकड़े अनिवार्य हैं । विकिरण द्वारा इस समय केवल कुछ चुने हुए क्षेत्रों के लिए उपलब्ध है । जिसे कि आईएमडी द्वारा रिकॉर्ड किया गया है, अधिक क्षेत्रों को शामिल करने के लिए इस आंकड़ा आधार को विस्तृत बनाए जाने की आवश्यकता है । इस उद्देश्य को ध्यान में रखते हुए एक कार्यक्रम पहले से ही शुरू कर दिया गया है । विद्युत उत्पादन के दृष्टिकोण से आठवीं योजना के दौरान कुछ उपयुक्त स्थानों पर धूप के सौर, विकिरण की तीव्रता, बदल पाती दिशाएँ वर्षा आसपास का तापमान और पवन गति/दिशा को रिकॉर्ड किए जाने का प्रस्ताव है ।

प्रचार, जन जागृति और प्रशिक्षण –

भारत सरकार द्वारा दिल्ली सीमा के नजदीक गुड़गांव जिले के ग्वाल पहाड़ी गाँव में 200 एकड़ क्षेत्र में एक सौर केन्द्र स्थापित किया गया है । इसके भवनों के डिज़ाइनों में सौर निष्क्रिय निम्न ऊर्जा मानकों को प्रयोग में लाया गया है और इनमें ऊर्जा संरक्षण की प्रमुख विशेषतायें हैं । ताप ऊर्जा आवश्यकताओं की पूर्ति के लिए सौर ऊर्जा के इस्तेमाल को बढ़ाने की दृष्टि से प्रचार और जन जागृति अभियान को तेज किया गया है । इन प्रयासों के माध्यम से उपयोग कर्ताओं को भी उनके द्वारा सौर तापीय युक्तियों के सही ढंग से प्रयोग की जानकारी दी जाती है । नोडल एजेंसियों और उपयोग कर्ताओं एजेंसियों में क्रियान्वन के कार्य में संलग्न लोगों के लिए प्रशिक्षण कार्यक्रमों का आयोजन करना इस दिशा में एक अन्य कदम है । इस उद्देश्य के लिए नोडल एजेंसियों के माध्यम से वरिष्ठ और घनिष्ठ स्तरके प्रशिक्षण पाठ्यक्रम आयोजित किए जा रहें हैं । इससे सौर तापीय युक्तियों का उचित उपयोग सुनिश्चित होगा ।

सोलर पैसिव हेतु 10 मुख्य बिन्दु –

सोलर पैसिव भवनों के निर्माण में ऊर्जा संरक्षण हेतु मुख्य 10 बिन्दु निम्नानुसार हैं –

1. उजाले ले लिए सूर्य किरणों का अधिक से अधिक उपयोग ।

2. भवन के बाहरी भाग को ग्लेजिंग करना ।
3. छांव का उपयुक्त उपयोग ।
4. इन्सुलेशन/प्रतिरोध
5. थर्मल मास का उपयोग ।
6. पैसिव सोलर हीटिंग ।
7. इकोनोमाइजर साइकिल ।
8. ऊर्जा की बचत वाली लाइट्स जैसे एलईडी इत्यादि का उपयोग ।
9. अच्छी क्षमता वाले एचबीएसी प्रणाली ।
10. अच्छे एचवीएसी कंट्रोल

उपरोक्त बिन्दुओं के विश्लेषण तथा समन्वय से अच्छे सोलर पैसिव भवनों का निर्माण संभव है । वर्तमान में उपरोक्त बिन्दुओं पर आधारित अनेक कंप्यूटर सॉफ्ट वेयर प्रोग्राम भी उपलब्ध हैं । जैसे एनर्जी 10 इत्यादि । इन प्रोग्राम में जहां पर भवन का निर्माण किया जाता है । वहाँ का मौसम संबंधी जानकारी के विभिन्न मानकों के आधार पर भवन डिजाइन किया जा सकता है ।

सोलर पैसिव भवन द्वारा ऊर्जा की महत्वपूर्ण बचत संभव है जो निम्नानुसार है –

सोलर पैसिव भवन में ऊर्जा की बचत –

1 – हीटिंग– आम भवनों की अपेक्षा सौर पैसिव डिजाइन के भवनों में 77 प्रतिशत ऊर्जा की बचत होती है ।

2 – कूलिंग– सामान्यत: भारत एक गर्मदेश है तथा गर्मी को कम करने के लिए अनेक उपकरण जैसे – एसी पखे, कूलर आदि उपयोग में लाये जाते हैं । किन्तु सौर पैसिव भवनों के निर्माण से इन उपकरणों में होने वाली ऊर्जा की खपत में 61 प्रतिशत तक की बचत होती है ।

3 – प्राकृतिक प्रकाश - प्राकृतिक उजाले के उपयुक्त उपयोग से 45 प्रतिशत की बचत और सौर पैसिव भवनों में संभव हो सकेगी ।

4 – अन्य कार्य– भवनों में एलईडी तथा अन्य ऊर्जा संरक्षण के उपकरणों इत्यादि के उपयोग से 15 प्रतिशत की ऊर्जा बचत हो सकती है । अत: एक सौर पैसिव भवन से सम्मिलित सभी उपायों से न्यूनतम 54 प्रतिशत ऊर्जा बचत हो सकती है ।

उपसंहार – वर्तमान युग में जब हम ऊर्जा संकट का सामना कर रहें हैं तथा तेजी के साथ होते विकास के साथ भविष्य में ऊर्जा खपत तथा प्रदूषण में होने वाली वृद्धि को देखते हुए अब समय आ गया है कि हम भवनों में सौर पैसिव डिज़ाइनों का अधिक से अधिक उपयोग करें ।

प्राचीन काल में हमारे देश की वास्तु कला में सौर बिन्दुओं का पूरी तरह समावेश होता है जिसका उदाहरण देश के विभिन्न क्षेत्रों में प्राचीन भवनों में अभी भी देखा जा सकता है । इन

भवनों में अत्यधिक गर्मी तथा सर्दी का कोई प्रभाव नहीं होता, साथ ही प्राकृतिक प्रकाश के उपयोग के द्वारा उजाला भी बना रहता है । विशेषतः पुराने सभी किले/दुर्ग इसके उदाहरण हैं । जब उस समय विद्युत व्यवस्था ही नहीं थी ।

वर्तमान में भारत सरकार द्वारा किए जा रहे प्रयासों से इस दिशा में एक नई चेतना आई है तथा अपने भविष्य को सुनिश्चित आरोग्य तथा आरामदायक बनाने के लिए हमारे देश की इस प्राचीन वास्तु कला का परम्परागत निर्वाह भविष्य के भवनों में अब आवश्यक हो गया है ।

26

सोलर कुकर -

सोलर कुकर –

सौर कुकर, ईंधन बचाने की महत्वपूर्ण भूमिका अदा करता । इससे इसका महत्व बढ़ गया है । सौर कुकर सौर ऊर्जा से चलता है और न ही आपके खाना पकाने के बर्तन अपनी कालिख से खराब करता है । इससे किसी भी प्रकार की दुर्गंध भी नहीं आती है । इससे पर्यावरण भी साफ बना रहता है, यह ऊर्जा संसाधन का संरक्षण तथा धन की बचत करता है ।

सौर कुकर के सिद्धान्त –

सौर कुकर एक लकड़ी के डिब्बे का बना होता है । इस डिब्बे में सौर किरणों का लाभ लेने के लिए टीन का बना हुआ एक दूसरा डिब्बा अन्दर जमा है । टीन के डिब्बे तथा लकड़ी के डिब्बे के बीच ऊष्मारोधी भरा रहता है । जिससे संचित की गई ऊष्मा बाहर न निकाल सके । टीन के डिब्बे को काले रंग से पोत देते हैं । काला रंग सौर विकिरण का अवशोषण कर लेता है जिसे संग्राहक का तापमान बढ़ जाता है । सौर कुकर के ऊपर काँच की प्लेट होती है जिससे सौर किरणें प्रवेश कर कुकर के अन्दर पंहुचती है । कुकर के अन्दर अवशोषित ऊष्मा बाहर न निकाल सके इसके लिए कुकर के ऊपर दो काँच की प्लेट लगा देते हैं । संग्राहक में से ऊष्मा की भी क्षति न हो इसके लिए काँच, ऊन, लकड़ी का बुरादा, धान की भूसी या इसी तरह के कोई अन्य ऊष्मारोधक संग्राहक के चारों ओर से भर देते हैं । सौर कुकर में काला रंग महत्वपूर्ण है । काला रंग सौर विकिरण का अवशोषण कर संग्राहक का तापमान, अन्य रंगों की अपेक्षा शीघ्र बढ़ाता है । सौर कुकर में खाने की सामग्री छोटे डिब्बों में भरकर रख देते हैं । ये छोटे डिब्बे एल्यूमिनियम के होने के कारण ऊष्मा के अच्छे चालक होते हैं, जिससे खाने की सामग्री जल्दी पक जाती है । इन एल्यूमिनियम के डिब्बों को भी काले रंग से पोत देते हैं । इससे कुकर की दक्षता बढ़ जाती है । सौर कुकर के अन्दर तापमान बढ़ाने से उसके अन्दर की वायु भी गरम हो जाती है । जिससे उसका घनत्व कम हो जाता है । कुकर की दक्षता बढ़ाने के लिए ऊपर की काँच की प्लेटों के बीच तथा कुकर और काँच की प्लेट के बीच

रबर पेकिंग लगाना आवश्यक है । सौर विकिरण का लाभ लेने के लिए संग्राहक के चारों ओर परावर्तक लगा देते हैं । यह परावर्तक प्राय: दर्पण होते हैं । कुकर में एक परावर्तक लगाने से अन्दर 70 डिग्री सेन्टीग्रेड से 110 डिग्री सेन्टीग्रेड तक तापमान पहुँच जाता है जो कि खाना पकाने के लिए पर्याप्त है ।

सौर कुकर का लाभ सौर विकिरण पर निर्भर होता है । दिन के समय 11 बजे से दोपहर 2 बजे तक सौर किरणें प्राय: सीधे अधिकतम तापमान पर रहती हैं । बाद में किरणों के अधिक तिरछे होने के कारण किरणों के तापमान में कमी होने लगती है ।

लाभ –

1. इसमें एक समय में चार पदार्थ पकाए जा सकते हैं ।
2. इसमें भोजन के पोषक तत्व नष्ट नहीं होते हैं ।
3. यह प्रदूषण मुक्त है ।
4. यह सरल है ।
5. यह सुनिश्चित है ।
6. इसमें धन की बचत है ।
7. इसमें ईंधन की बचत है ।
8. यह हमारे पर्यावरण के संरक्षण में सदाचार है ।

उन्नत चूल्हा –

विद्यमान ऊर्जा संकट का मुक़ाबला करने के लिए ऊर्जा में गैर परम्परागत स्रोतों का इस्तेमाल जितना जरूरी है, उतना ही जरूरी है कि ऊर्जा के परम्परागत स्रोतों का उपयोग क्षमता भी बढ़ाया जाये । उन्नत चूल्हा इसी सोच पर आधारित है ।

उन्नत चूल्हे वैज्ञानिक रूप से डिजाइन किए गए पर्यावरणीय दृष्टि से अनुकूल स्टोव है । जिनकी तापीय कुशलता, पारंपरिक चूल्हों की 5 प्रतिशत से 10 प्रतिशत कुशलता की तुलना में लगभग 20 प्रतिशत या अधिक होती है । यह चूल्हे सीमेंट, पोटरीलास और कास्ट आयरन के बने हुए स्थिर प्रकार के सफरी धात्विक प्रकार के चूल्हे होते हैं ।

लाभ –

1. धुएँ को समाप्त/कम करना ।
2. प्रदूषण मुक्त करना ।
3. इसमें ईंधन की बचत है ।
4. इसमें धन की बचत है ।
5. इसमे समय की बचत भी है ।
6. यह सुरक्षितहैं ।

27

सौर जल तापक (सोलर वाटर हीटर) –

सौर जल तापक (सोलर वाटर हीटर) –

बिजली तथा किसी प्रकार का ईंधन का उपयोग किए बिना सौर ऊर्जा से पानी गर्म करने हेतु सौर ऊर्जा गर्म जल संयंत्र एक आदर्श संयंत्र है ।

जब संयंत्र से 100 से 125 लीटर पानी प्रतिदिन गर्म किया जा सकता है । सौर गर्म जल संयंत्र में गर्म पानी की आवश्यकतानुसार एक या अधिक सौर संग्राहक पृथक जल भंडार, टैंक, गरम व ठंडे पानी ले जाने हेतु पृथक – पृथक पाइप सम्मिलित होते हैं । सौर संग्राहक एल्यूमिनियम शीट का बना हुआ 2 मीटर बाय 1 मीटर बाय 10 सेंटीमीटर का बॉक्स होता है, जिसमें कॉपर की अवशोषक चादर होती है । जिसके ऊपर पानी ले जाने के लिए कॉपर राइजर ट्यूब रहती है तथा कलेक्टर बॉक्स नीचे और बगल में एल्यूमिनियम फोइल से ढके हुए ग्लास बूल से पूरी तरह से इंसुलेटेड रहता है । संग्राहक का ऊपर का ढक्कन राउंड ग्लास का होता है । सौर विकिरण सामने वाले काँच के माध्यम से काले अवशोषक पर पड़ता है और ऊपरी काँच के ढक्कन से काले अवशोषक पर पड़ता है । और ऊपरी काँच के ढक्कन के कारण वापिस न जाकर अवशोषित कर लिया जाता है । जिसमें भीतर के तापमान में वृद्धि होती है तथा राइजर ट्यूब में बहने वाला पानी गरम हो जाता है और उसे इंसुलेटेड गर्म जल के भंडार की टंकी में एकत्रित कर लिया जाता है और राइजर ट्यूब का पानी ठंडे पानी में प्रतिस्थापित हो जाता है ।

स्थापन व संचालन –

प्लेट संग्राहक को स्थापित किए जाने वाले स्थान के अक्षांश के 15 डिग्री धन कोण पर रखा जाता है । पानी अक्षांश के 23 डिग्री उत्तर में, अर्थात संग्राहक का कोण क्षैतिज के 38 डिग्री पर होगा । संग्राहक को सपाट छत पर ऐसे स्थान पर रखना चाहिए जो छायादार न हो । यदि छत पर ऐसा स्थान न हो तो सतह पर एक प्लेटफार्म बनाया जा सकता है । लेकिन यह भी छाया से मुक्त होना चाहिए । कम से कम प्रात: 9 बजे से लेकर सायं 4 बजे तक तो

यह स्थान छाया रहित होना चाहिए क्योंकि यही समय अत्याधिक धूप वाला समझा जाता है । दो उत्तरोत्तर संग्राहकों के मध्य की दूरी भिन्न - भिन्न हो सकती है , पर सामान्यत: यह 0.2 मीटर से अधिक नहीं होती । दो उत्तरोत्तर पंक्तियों के मध्य की दूरी 3 मीटर होती है, अमूमन एक संग्राहक की स्थापना के लिए 3 वर्ग मीटर स्थान की आवश्यकता होती है ।

लाभ –

1. ईधन की बचत ।
2. धन की बचत ।
3. प्रदूषण मुक्त ।
4. यह भी सुरक्षित है ।

उपयोग –

1. कपड़ा उद्योगों में प्रक्रियाकरण के लिए ।
2. सरेस उद्योगों में
3. दुग्ध उद्योगों में रखने के टैंकर, केन्स, बोटल्स आदि को सफ़ाई के लिए।
4. सार्वजनिक स्नानागारों, तीर्थ स्थानों, अतिथि गृहों, होटलों आदि में ।
5. बॉयलर फीड हेतु प्री – हीटिंग के लिए ।
6. अस्पतालों, लाउंड्री जैसे स्थानों में साफ सफाई व ढुलाई के लिए ।
7. घरेलू आवश्यकताओं हेतु ।
8. बिना ईधन के पानी गरम करने हेतु आदर्श संयंत्र ।
9. अधिकाधिक अक्षय ऊर्जा स्रोतों का उपयोग कर ईधन व धन की बचत करें ।

28

भारत सरकार मंत्रालय - एमएनआरई

भारत सरकार मंत्रालय – एमएनआरई (MNRE) (नवीन और नवकरणीय ऊर्जा मंत्रालय)

एमएनआरई (MNRE) –

एमएनआरई – मिनस्ट्री ऑफ न्यू एंड रिनुएबिल एनर्जी (नवीन और नवकरणीय ऊर्जा मंत्रालय)

MNRE – Minstry of New and Renewable Energy

नवीन और नवीकरणीय ऊर्जा मंत्रालय (एमएनआरई) भारत सरकार का एक मंत्रालय है जो मुख्य रूप से अनुसंधान और विकास, बौद्धिक संपदा संरक्षण, और अंतर्राष्ट्रीय सहयोग, पदोन्नति, और नवीकरणीय ऊर्जा स्रोतों जैसे पवन ऊर्जा, लघु पनबिजली, के लिए जिम्मेदार है। बायोगैस, और सौर ऊर्जा।

मंत्रालय का व्यापक उद्देश्य भारत की ऊर्जा आवश्यकताओं के पूरक के लिए नई और नवीकरणीय ऊर्जा का विकास और तैनाती करना है।

मंत्रालय का मुख्यालय लोधी रोड, नई दिल्ली में है। मंत्रालय की 2016-17 की वार्षिक रिपोर्ट के अनुसार, भारत ने कई नवीकरणीय ऊर्जा क्षेत्रों में महत्वपूर्ण प्रगति की है जिसमें सौर ऊर्जा, पवन ऊर्जा और पनबिजली शामिल हैं।

इतिहास –

1970 के दशक के ऊर्जा संकट ने विज्ञान विभाग में ऊर्जा के अतिरिक्त स्रोतों के लिए आयोग (CASE) (कमीशन फॉर एडीशनल सिक्योरिटी ऑफ एनर्जी) की स्थापना 1981 में की थी।

CASE - नीतियों के निर्माण और उनके कार्यान्वयन, नई और नवीकरणीय ऊर्जा के विकास के लिए कार्यक्रमों का निर्माण और समन्वय और तीव्रता के लिए जिम्मेदार था अनुसंधान व विकास विभाग।

1982 में, तत्कालीन ऊर्जा मंत्रालय, यानी गैर-पारंपरिक ऊर्जा स्रोत विभाग (DNES) में एक नया विभाग बनाया गया था। DNES ने अपनी छतरी के नीचे CASE को शामिल किया।

मंत्रालय को 1992 में गैर - पारंपरिक ऊर्जा स्रोतों के मंत्रालय के रूप में स्थापित किया गया था। इसने अक्टूबर 2006 में अपना वर्तमान नाम अपनाया।

मिशन(MISSION)(अभियान) : -

मंत्रालय का मिशन सुनिश्चित करना है–

1. ऊर्जा सुरक्षा: वैकल्पिक ईंधन (हाइड्रोजन, जैव ईंधन और सिंथेटिक ईंधन) के विकास और तैनाती के माध्यम से तेल आयात पर कम निर्भरता और घरेलू तेल आपूर्ति और मांग के बीच अंतर को कम करने की दिशा में योगदान करने के लिए उनके आवेदन;

2. स्वच्छ ऊर्जा की हिस्सेदारी में वृद्धि: नवीकरणीय (जैव, पवन, पनबिजली, सौर, भूतापीय)

3. ऊर्जा उपलब्धता और पहुंच: ग्रामीण, शहरी, औद्योगिक और वाणिज्यिक क्षेत्रों में खाना पकाने, हीटिंग, मकसद ऊर्जा और बड़ी पीढ़ी की अनुपूरक ऊर्जा की जरूरत;

4. ऊर्जा वहन क्षमता: लागत-प्रतिस्पर्धी, सुविधाजनक, सुरक्षित और विश्वसनीय नए और नवीकरणीय ऊर्जा आपूर्ति विकल्प; तथा

5. ऊर्जा समानता: 2050 तक वैश्विक औसत स्तर के साथ एक स्थायी और विविध ईंधन के माध्यम से प्रति व्यक्ति ऊर्जा की खपत।

विजन (VISSION)– (दृष्टि) -

नई और नवीकरणीय ऊर्जा प्रौद्योगिकियों, प्रक्रियाओं, सामग्रियों, घटकों, उप-प्रणालियों, उत्पादों को विकसित करना और देश को इस क्षेत्र में एक शुद्ध विदेशी मुद्रा अर्जक बनाने के लिए अंतरराष्ट्रीय विनिर्देशों, मानकों और प्रदर्शन मापदंडों के साथ सेवाओं पर आधारित है और ऊर्जा सुरक्षा के राष्ट्रीय लक्ष्य के आगे स्वदेशी रूप से विकसित और/या निर्मित उत्पादों और सेवाओं को तैनात करते हैं।

प्रमुख कार्यात्मक क्षेत्र -

1 - एमएनआरई के व्यवसाय का प्रमुख कार्यात्मक क्षेत्र या आवंटन हैं:

2 - ऊर्जा के अतिरिक्त स्रोतों के लिए आयोग (CASE);

3 - भारतीय अक्षय ऊर्जा विकास एजेंसी (IREDA);

4 - एकीकृत ग्रामीण ऊर्जा कार्यक्रम (IREP);

5 - बायोगैस इकाइयों के अनुसंधान और विकास और बायोगैस इकाइयों से संबंधित कार्यक्रम;

6 - सौर फोटोवोल्टिक उपकरणों और उनके विकास, उत्पादन और अनुप्रयोगों सहित सौर ऊर्जा;

7 - चूल्हा और उसके बाद के अनुसंधान और विकास से संबंधित कार्यक्रम;

8 - छोटे/मिनी/माइक्रो हाइडल परियोजनाओं और 25 मेगावाट क्षमता से नीचे के सभी मामले;

एनर्जी के अन्य गैर-पारंपरिक/नवीकरणीय स्रोतों का अनुसंधान और विकास और उससे संबंधित कार्यक्रम;

1–ज्वारीय (टाइडल) ऊर्जा;

2–भूतापीय (जियोथर्मल) ऊर्जा;

3 - जैव (बायोमास) ईंधन:

i. राष्ट्रीय नीति;
ii. परिवहन, स्थिर और अन्य अनुप्रयोगों पर अनुसंधान, विकास और प्रदर्शन;
iii. राष्ट्रीय जैव-ईंधन विकास बोर्ड की स्थापना और मौजूदा संस्थागत तंत्र को मजबूत करना; और
iv. समग्र समन्वय।

पहल (इनिसिएटिव) -

- जवाहरलाल नेहरू राष्ट्रीय सौर मिशन (JNNSM) - प्रधान मंत्री द्वारा 11 जनवरी 2010 को राष्ट्रीय सौर मिशन शुरू किया गया था।मिशन ने 2022 तक 20,000 मेगावाट ग्रिड से जुड़े सौर ऊर्जा की तैनाती का महत्वाकांक्षी लक्ष्य निर्धारित किया है। इसके अलावा, सरकार ने वर्ष 2021 तक ग्रिड कनेक्टेड सौर ऊर्जा परियोजनाओं के लक्ष्य को 20,000 मेगावाट से वर्ष 2021 - 22 तक 100,000 मेगावाट कर दिया है। राष्ट्रीय सौर मिशन के तहत 22 और इसे कैबिनेट ने 17 जून 2015 को मंजूरी दी थी।
- राष्ट्रीय बायोगैस और खाद प्रबंधन कार्यक्रम (NBMMP)
- सौर लालटेन कार्यक्रम LALA
- सौर तापीय ऊर्जा प्रदर्शन कार्यक्रम
- रिमोट विलेज लाइटिंग प्रोग्राम
- नेशनल बायोमास कुकस्टोव्स इनिशिएटिव (NBCI)
- राष्ट्रीय अपतटीय पवन ऊर्जा प्राधिकरण
- राज्यों की नवीकरणीय ऊर्जा एजेंसियों का संघ (AREAS): - इसका गठन मंत्रालय द्वारा नवीकरणीय ऊर्जा के लिए विभिन्न राज्य नोडल एजेंसियों के बीच बेहतर समन्वय और साझा करने के लिए किया गया था। MNRE के प्रभारी मंत्री (नवीन और नवीकरणीय ऊर्जा मंत्रालय) संरक्षक जबकि MNRE के सचिव संघ के पदेन अध्यक्ष

होते हैं।

- वन सन वन वर्ल्ड वन ग्रिड पहल: महत्वाकांक्षी परियोजना का लक्ष्य दक्षिण पूर्व एशिया और मध्य पूर्व के 140 देशों को एक ट्रांस - नेशनल सोलर पावर ग्रिड से जोड़ना है। इस विचार को पहली बार 2018 में इंटरनेशनल सोलर अलायंस की विधानसभा द्वारा प्रस्तावित किया गया था और इसका उद्देश्य है अक्षय स्रोतों से अपनी ऊर्जा आवश्यकताओं का 40% उत्पादन करने के लिए सरकार के लक्ष्य की दिशा में एक कदम आगे बढ़ते हुए।इस पहल के पीछे का विचार है, "सूर्य कभी अस्त नहीं होता" और यह किसी निश्चित समय पर किसी विशेष भौगोलिक स्थान पर स्थिर होता है। नई और नवीकरणीय ऊर्जा मंत्रालय इस पहल को विश्व बैंक से तकनीकी सहायता प्राप्त करेगा।

- नई पहल - -
- ग्रीन एनर्जी कॉरिडोर
- नवीकरणीय खरीद के दायित्व
- नेट मीटरिंग नीति
- पवन ऊर्जा परियोजनाओं की मरम्मत
- अंतर्राष्ट्रीय सौर गठबंधन
- सूर्य मित्र योजना
- उपलब्धियां
- नवीकरण से बिजली

- ग्रिड आधारित
- मंत्रालय की वार्षिक रिपोर्ट 2016-17 के अनुसार, दिसंबर 2016 तक, मंत्रालय ग्रिड-आधारित नवीकरणीय ऊर्जा की कुल 50068.37 मेगावाट (मेगावाट) क्षमता को तैनात करने में सफल रहा। 28700.44 मेगावाट जो पवन ऊर्जा से था, लघु पनबिजली से 4333.85 मेगावाट, जैव ऊर्जा से 7907.34 मेगावाट और सौर ऊर्जा (एसपीवी) से 9012.66 मेगावाट, और बाकी 114.08 मेगावाट अपशिष्ट से बिजली तक।
- ग्रिड से अलग (ऑफ ग्रिड) -
- इसी अवधि के दौरान, एक ऑफ-ग्रिड आधारित नवीकरणीय ऊर्जा क्षमता की कुल तैनाती लगभग 1403.70 मेगावाट थी। इनमें से, बायोमास [(गैर - बैगास) कोजेनरेशन में 651.91 मेगावाट शामिल थे, जैव द्रव्यमान गैसीफायर 186.88 मेगावाट ऊर्जा की ऊर्जा 163.35 मेगावाट, एसपीवी सिस्टम (1 किलोवाट से कम) (40 किलोवाट) से कम क्षमता 405.54 1 मेगावाट, और बाकी था। माइक्रो-हाइड्रो और पवन ऊर्जा से।

अन्य नवीकरणीय ऊर्जा प्रणाली

परिवार बायोगैस संयंत्र की तैनाती की कुल संख्या 49.40 लाख थी। और कुल क्षेत्र जो सौर जल तापन (SWH) प्रणालियों से आच्छादित था, 4.47 मिलियन वर्ग मीटर था।

संस्थानों- मंत्रालय के पास 5 विशेष तकनीकी संस्थान हैं।वह हैं:-

नेशनल इंस्टीट्यूट ऑफ सोलर एनर्जी (NISE – एनआईएसई): नेशनल इंस्टीट्यूट ऑफ सोलर एनर्जी, नवीन और नवीकरणीय मंत्रालय (MNRE - एमएनआरई) की एक स्वायत्त संस्था, सर्वोच्च राष्ट्रीय अनुसंधान और विकास संस्था हैं सोलर ऊर्जा क्षेत्र में । भारत सरकार ने राष्ट्रीय सौर मिशन को लागू करने में मंत्रालय की सहायता के लिए सितंबर 2013 में MNRE के तहत 25 वर्षीय सौर ऊर्जा केंद्र (SEC) को एक स्वायत्त संस्था में परिवर्तित कर दिया है और अनुसंधान, प्रौद्योगिकी, कौशल विकास, प्रशिक्षण, परामर्श, ऊष्मायन और अन्य संबंधित कार्यों का समन्वय करना । NSE, गुरुग्राम, हरियाणा में स्थित है।

नेशनल इंस्टीट्यूट ऑफ विंड एनर्जी (NIWE): NIWE की स्थापना चेन्नई में वर्ष 1998 में एक स्वायत्त आर के रूप में की गई है । यह उच्च गुणवत्ता और समर्पण का एक ज्ञान-आधारित संस्थान है, जो आगे के शोध को पूरा करके पवन ऊर्जा क्षेत्र के संपूर्ण स्पेक्ट्रम में आने वाली कठिनाइयों और सुधारों के लिए पूर्ण समाधान खोजने के लिए सेवाएं प्रदान करता है। NIWE चेन्नई, तमिलनाडु में स्थित है । वेबसाइट:

https://niweresin/

सरदार स्वर्ण सिंह राष्ट्रीय जैव -ऊर्जा संस्थान (SSSNIBE): SSSINBE नवीन और नवीकरणीय ऊर्जा मंत्रालय का एक स्वायत्त संस्थान है। सरकार। लगभग 75 एकड़ के विशाल परिसर में फैले भारत के संस्थान जैव-ऊर्जा में वैश्विक उत्कृष्टता केंद्र में विकास की ओर अग्रसर हैं।संस्थान के उद्देश्य अनुसंधान, डिजाइन, विकास, परीक्षण, मानकीकरण को अंजाम देना और सुविधाजनक बनाना है और प्रौद्योगिकी प्रदर्शन अंततः आरडी के व्यावसायीकरण के लिए अग्रणी है,बायोएनेर्जी, जैव ईंधन पर ध्यान देने के साथ और ठोस, तरल में सिंथेटिक ईंधन और स्थिर अनुप्रयोगों, हाइब्रिड/एकीकृत ऊर्जा प्रणालियों का विकास, शुरू करने के लिए और पोस्टडॉक्टरल अनुसंधान सहित सभी स्तरों पर मानव संसाधन विकास की सुविधा। यह कपूरथला (पंजाब) में स्थित है।

भारतीय अक्षय ऊर्जा विकास एजेंसी (IREDA): IREDA नवीकरणीय ऊर्जा और ऊर्जा दक्षता परियोजनाओं के लिए ऋण प्रदान करने के लिए इस मंत्रालय के प्रशासनिक नियंत्रण में एक गैर - बैंकिंग वितीय संस्थान है।

सोलर एनर्जी कॉर्पोरेशन ऑफ़ इंडिया (SECI) :SECI एक नया और नवीकरणीय ऊर्जा मंत्रालय (MNRE) मंत्रालय के प्रशासनिक नियंत्रण में CPSU है, जिसकी स्थापना JNNSM के कार्यान्वयन और उसमें लक्ष्यों की प्राप्ति की सुविधा के लिए 20 सितंबर 2011 को की गई है । यह सौर ऊर्जा क्षेत्र के लिए समर्पित एकमात्र सीपीएसयू है । इसे मूल रूप से कंपनी अधिनियम, 1956 के तहत एक धारा - 25 (लाभ के लिए नहीं) कंपनी के रूप में शामिल किया गया था ।

राज्य की नोडल एजेंसियां

मंत्रालय ने भारत के विभिन्न राज्यों और केंद्र शासित प्रदेशों में राज्य नोडल एजेंसियों की स्थापना की है ताकि वे अपने-अपने राज्यों में नवीकरणीय ऊर्जा के कुशल ऊर्जा उपयोग के विकास को बढ़ावा दे सकें । इस मंत्रालय के तहत एक राज्य नोडल एजेंसी का प्राथमिक उद्देश्य नए और नवीकरणीय क्षेत्र में अनुसंधान परियोजनाओं का विकास, समन्वय, वित्त और बढ़ावा देना है । यह अनुसंधान और विकास के साथ-साथ नए और नवीकरणीय ऊर्जा स्रोतों के आवेदक विस्तार के लिए कार्यक्रम तैयार करने की भी उम्मीद है ।

मुख्यत दो प्रकार की योजनाएँ ग्रिड कनेक्टिड और सोलर ऑफ ग्रिड हैं ।

ग्रिड कनेक्टिड योजनाएँ –

सोलर पार्क्स और अल्ट्रा मेगा सोलर पावर प्रोजेक्ट का विकास

5000 मेगा वाट ग्रिड कनेक्टिड एसपीवी (सोलर फोटो वोल्टाइक) पावर प्रोजेक्टस स्थापित करना ।

डिस्ट्रीब्यूटिड ग्रिड कनेक्टिड सोलर पीवी पावर प्रोजेक्ट अंडमान व निकोबार और लक्षदीप में स्थापित करना, सब्सिडी एमएनआरई के द्वारा प्रदत्त ।

सेंट्रल पब्लिक सेक्टर अंडरटेकिंग (सीपीएसयू) अथवा डिस्कोम (डिस्ट्रीब्यूशन कम्पनीज) द्वारा 12000 मेगावाट ग्रिड कनेक्टिड सोलर फोटो वोल्टाइक पावर प्रोजेक्टस स्थापित करना ।

ग्रिड कनेक्टिड सोलर रूफ टॉप प्रोग्राम -

उद्देश्य – 40000 मेगावाट रूफ टॉप सोलर प्रोजेक्टस द्वारा उत्पादन 2022 तक ।

समय – 31 दिसंबर 2022

मुख्य विशेषताएं –

1 – कम्पोनेंट – ए - केंद्रीय वित्त सहायता (सेंट्रल फाइनेंसियल असिस्टेंस – सीएफए) – घरेलू सेक्टर – 4 गीगा वाट

(40 % सीएफए 3 किलोवाट पावर तक, 20 % सीएफए 3 किलोवाट से 10 किलोवाट पावर तक , 20 % सीएफए, जीएसआर/आरडब्ल्यूए 500 किलोवाट पावर तक) (सीमा 10 किलोवाट पावर प्रति हाउस और कुल 500 किलोवाट तक)

2 - कम्पोनेंट – बी – डिस्कोम को इनसेनटिव सहित – प्रारम्भिक 18 गीगा वाट पावर

पीएम कुसुम स्कीम (PM KUSUM SCHEME – Pradhan Mantri Kisan Urja Suraksha evam Utthaan Mahaabhiyaan) प्रधान मंत्री किसान ऊर्जा सुरक्षा एवं उत्थान महाभियान–

केन्द्र सरकार के मंत्रालय (एमएनआरई) ने पीएम कुसुम स्कीम लॉन्च की है । जिसका उद्देश्य 25750 मेगावाट क्षमता सोलर और अन्य रिनुएबिल संसाधनों से स्थापित करना । इसके लिए केंद्रीय वित्तीय सहायता राशि रुपये 34422 करोड़ का प्रावधान रखा गया है । जिसके तीन कम्पोनेंट है –

कमोनेंट ए - 10000 मेगावाट, विकेंद्रीकृत ग्राउंड माउंटिड ग्रिड कनेक्टिड रिनुएबिल पावर प्लांट 2 मेगावाट क्षमता व्यक्तिगत ।

कम्पोनेंट बी - 17.50 लाख सोलर पावर पम्पस 7.5 हॉर्स पावर व्यक्तिगत क्षमता के स्वयं के लिए ।

कमोनेंट सी – 10 लाख ग्रिड कनेक्टिड कृषि पम्पस, व्यक्तिगत पंप क्षमता 7.5 हॉर्स पावर तक ।

इस योजना में अनुमानित 70 % सब्सिडी प्रदाय केंद्र और राज्य सरकार द्वारा, की जावेगी ।

29

हाइड्रोजन एनर्जी –

हाइड्रोजन एनर्जी –

हाइड्रोजन एनर्जी फ्यूल का सस्ता और बेहतरीन विकल्प है । बजट 2021 में वित्त मंत्री ने हाइड्रोजन ऊर्जा मिशन (अभियान) की घोषणा की है । बजट 2021 में केन्द्र सरकार द्वारा ऊर्जा मिशन की घोषणा देश को स्वच्छ ऊर्जा के क्षेत्र में आगे ले जाने की दिशा में एक बड़ा कदम है । सरकार का मानना है कि हाइड्रोजन एनर्जी ही स्वच्छ और हरित ऊर्जा के तौर पर प्रदूषण कम करेगी ।

वर्ष 2021 – 22 के बजट में वित्त मंत्री ने हाइड्रोजन एनर्जी मिशन की घोषणा कर इस दिशा में बड़ा कदम उठाया है । समाप्त होने वाले प्राकृतिक संसाधन (नेचुरल रिसोर्सेस) के बेहतरीन विकल्प के रूप में अक्षय ऊर्जा समय की जरूरत है । ऐसे में हाइड्रोजन एनर्जी की महत्ता हर नए दिन के साथ बढ़ती जा रही है ।

साल 2021 के बजट में हाइड्रोजन ऊर्जा मिशन की घोषणा की गई है । देश का ऊर्जा क्षेत्र का प्रबंध आज न केवल आर्थिक दृष्टि से अहम है, बल्कि जलवायु परिवर्तन के खतरों से निपटने के लिहाज से भी बहुत अहम माना जाता है । आज भी ज़्यादातर ऊर्जा उत्पादन तापीय ऊर्जा संयंत्र से होता है जो पूरी तरह कोयले पर निर्भर है । ऐसे में हाइड्रोजन एक स्वच्छ और प्रचुर ऊर्जा के रूप में उम्मीदें जगाती है । इसलिए वित्त मंत्री ने देश के लिए हाइड्रोजन ऊर्जा मिशन की घोषणा की हैं ।

जानिए हाइड्रोजन एनर्जी से जुड़ी खास बातें –

हाइड्रोजन ऊर्जा क्या होती है ?– हाइड्रोजन एक बहुत ही किफ़ायती ईंधन है, लेकिन इससे भी खास बात यह है कि यह पूरी तरह स्वच्छ ऊर्जा है । इसे आटोमोबाइल में ईंधन के रूप में इस्तेमाल किया जा सकता है । इसे जलाने के बाद वेस्टेज के रूप में केवल पानी निकलता है । इस कारण यह पूरी तरह प्रदूषण रहित है । इसकी उच्च ईंधन कारगरता की वजह से इसका उपयोग अन्तरिक्ष यान प्रक्षेपण के लिए रॉकेट ईंधन के रूप में होता है ।

उत्पादन और स्टोरेज में मुश्किल –

हाइड्रोजन के साथ सबसे बड़ी समस्या यह है कि इसका उत्पादन न केवल कठिन है, बल्कि इसका भंडारण भी खर्चीला और थोड़ा मुश्किल है । हाइड्रोजन बहुत जल्दी प्रतिक्रिया कर देती है । इसलिए यह ज्वलनशील है ।

हाइड्रोजन संयंत्र लगाने की योजना –

हाइड्रोजन ऊर्जा को भविष्य की ऊर्जा माना जा रहा है और उस पर ज्यादा तेजी से अनुसंधान हो रहे हैं । हरित ऊर्जा की दिशा में भारत की हाइड्रोजन संयंत्र लगाने की योजना है जो हरित ऊर्जा स्रोतों से चलेंगे और जीवाश्म (फोसिल) ईंधन पर निर्भरता को कम करेंगे ।

इसलिए कारगर है हाइड्रोजन एनर्जी –

एक बार टैंक फुल होने पर 400 से 600 किलोमीटर तक चल सकती है हाइड्रोजन कार । दिग्गज आटोमोबाइल कंपनियाँ भी अब हाइड्रोजन फ्यूल सेल चालित कारें बना रही हैं ।

हाइड्रोजन कार को 07 मिनट की अवधि में इसे रिफ्यूल किया जा सकता है । जबकि इलेक्ट्रोनिक कारों को पूरी तरह चार्ज होने में 12 घंटे से अधिक समय लग जाता है ।

40 % हिस्सेदारी एटीएफ यानी विमान ईंधन की ही होती है । इस ईंधन के विकल्प के रूप में किफ़ायती हाइड्रोजन ऊर्जा उपयोग हो तो विमानन सेवाओं की लागत में भारी कमी आ सकती है ।

6 साल में ढाई गुना क्षमता बढ़ाने का लक्ष्य –

हाल में घोषणा हुई थी कि 6 साल में भारत अक्षय ऊर्जा स्थापित करने की क्षमता ढाई गुना बढ़ाएगा । यह मिशन भारत की स्थिति को बेहतर कर सकता है । हाइड्रोजन का उत्पादन घरेलू स्रोतों जैसे कि प्राकृतिक गैस, नाभिकीय ऊर्जा, बायोमास और सौर एवं पवन ऊर्जा जैसे शाश्वत ऊर्जा स्रोतों से हो सकता है । ये क्षमताएँ हाइड्रोजन को परिवहन और बिजली उत्पादन का एक आकर्षक विकल्प बनाती हैं ।

05 साल में देश में उपयोग होने वाली कुल ऊर्जा में 43 प्रतिशत हिस्सेदारी अक्षय ऊर्जा की हो, यह भारत का लक्ष्य है । इस लक्ष्य की पूर्ति में हाइड्रोजन ऊर्जा अहम भूमिका निभा सकती है ।

आटोमोबाइल सेक्टर –

भारत सरकार हाइड्रोजन को ग्रीन एनर्जी (हरित ऊर्जा) के तौर पर उपयोग करना चाहती है । राष्ट्रीय हाइड्रोजन अभियान (नेशनल हाइड्रोजन मिशन) के लिए साथ आ सकते हैं टाटा, रिलायंस और महिन्द्रा समूह ।

आम बजट में घोषित राष्ट्रीय हाइड्रोजन मिशन के लिए टाटा ग्रुप, रिलायन्स इंडस्ट्रीज और महिन्द्रा एंड महिन्द्रा साथ आ सकती हैं । सरकार की योजना धरती पर प्रचुर मात्रा में उपलब्ध हाइड्रोजन का ग्रीन एनर्जी सोर्स के रूप में उपयोग करने की है । लेकिन जानकारों का कहना है कि हाइड्रोजन को ग्रीन एनर्जी के सोर्स के रूप में इस्तेमाल करना अकेले सरकार के बस की बात नहीं है । इसके लिए निजी क्षेत्र को भी भागीदारी करनी होगी । विशेषज्ञों का मानना है कि हाइड्रोजन एनर्जी के क्षेत्र में सरकारी और निजी क्षेत्र को मिलकर काम करना

होगा । मुंबई के थिंक टैंक गेटवे हाउस में स्पेस और ओशन स्टडीज़ के फ़ेलो चैतन्य गिरि का कहना है कि राष्ट्रीय हाइड्रोजन मिशन में घरेलू कंपनियाँ जैसे टाटा, रिलायंस महिंद्रा और इंडियन ऑइल साथ मिलकर काम कर सकती हैं ।

देश में आज भी ज़्यादातर बिजली का उत्पादन कोयले से होता है । हाइड्रोजन ऊर्जा मिशन के माध्यम से भारत की योजना ग्रीन एनर्जी सोर्स को बढ़ावा देना और जीवाश्म (फोसिल) ईंधन पर निर्भरता कम करना है । दरअसल हाइड्रोजन ऊर्जा का बहुत स्वच्छ और किफ़ायती स्रोत है । इसके उपयोग के बाद अपशिष्ट के तौर पर केवल पानी बचता है, इसलिए यह पूरी तरह प्रदूषण रहित होता है । हाई फ्यूल एफिसीएनसी की वजह से इसका उपयोग रॉकेट में ईंधन के रूप में भी किया जाता है । कार्बन फुट प्रिंट कम करने में हाइड्रोजन ऊर्जा अन स्वच्छ और प्रचुर ऊर्जा के रूप में उम्मीदें जगाता है ।

हाइड्रोजन भविष्य का ईंधन है, सबको मिलकर काम करना होगा –

हाइड्रोजन काउंसिल या यूरोपियन हाइड्रोजन गठबंधन की तरह ही देश में भी सरकारी और निजी क्षेत्रों का साथ मिलकर काम करना समय की जरूरत है । कोई भी सरकार, कंपनी या इंडस्ट्री हाइड्रोजन जैसी ग्रीन एनर्जी के क्षेत्र में अकेले काम नहीं कार सकती । जर्मनी जैसे देशों में इस तरह के सहयोग सफल होते दिखाई दे रहे हैं । भारत में भी यह संभव है ।

चुनौतियाँ –

1 - हाइड्रोजन इतना अधिक ज्वलनशील है कि इसे विस्फोटक की श्रेणी में रखा जा सकता है ।

2 - ऊर्जा के क्षेत्र में हाइड्रोजन को व्यावहारिक बनाने के लिए भारत को टेक्नोलोजी पर काफी खर्च करना पड़ेगा, जो आसान नहीं है ।

3 - हाइड्रोजन का भंडारण भी खर्चीला और मुश्किल काम है । इसके सुरक्षित भंडारण की महंगी टेक्नोलोजी भी चाहिए होगी ।

4 - हाइड्रोजन से चलने वाली गाड़ियों के लिए देश में बड़ी तादाद में फ्यूलिंग स्टेशन तैयार करने की जरूरत होगी ।

हाइड्रोजन फ्यूल को टूथपेस्ट की शक्ल में रखने की रिसर्च (अनुसंधान) –

हाइड्रोजन से बेहतर कोई फ्यूल (ईंधन) नहीं है । हाइड्रोजन बैटरियों की तुलना में कम स्थान पर अधिक एनर्जी (ऊर्जा) पैदा करती है पर यह पेट्रोल डीजल से कम रहता है । लेकिन, हाइड्रोजन का स्टोरेज बेहद मुश्किल है । उसे माइनस 253 डिग्री पर तरल रूप में रखना पड़ता है ।

हाइड्रोजन के स्टोरेज का एक अच्छा तरीका हो सकता है । जर्मनी में फ्राउनहोफर मैन्यूफैक्चरिंग टेक्नोलोजी इंस्टीट्यूट के डॉ मार्कस वोग्टके नेतृत्व में शोधकर्ताओं की सोच है कि हाइड्रोजन को गैस के रूप में रखने की बजाय पेस्ट जैसा रखा जा सकता है । वे एक ऐसे केमीकल कम्पाउन्ड पर परीक्षण कर रहे हैं जिसे किसी ट्यूब या कार्टिज में रखना संभव होगा । फिर मांग के हिसाब से हाइड्रोजन निकाली जा सकेगी । उन्होंने अपनी खोज को पावर

पेस्ट नाम दिया है । यह टूथपेस्ट जैसा लगता है । केमीकल मैग्नीशियम हाइड्रोक्साइड को पानी के साथ मिलाने पर हाइड्रोजन बनती है ।

हाइड्रोजन फ्यूल सेल टेक्नोलोजी क्या है ?–

फ्यूल सेल टेक्नोलोजी में ईंधन की केमिकल एनर्जी को इलेक्ट्रिकल एनर्जी में बदला जाता है । हाइड्रोजन आधारित फ्यूल सेल टेक्नोलोजी (एचएफसी) में ईंधन के रूप में हाइड्रोजन का उपयोग होता है । जिसमें धन आवेशित हाइड्रोजन आयन की ऑक्सीज़न या किसी अन्य ऑक्सीज़न से क्रिया करके बिजली पैदा की जाती है । इसके लिए इलेक्ट्रिक एनर्जी पैदा करने वाली बैटरियों का उपयोग किया जाता है । यह क्लीन एनर्जी का टिकाऊ स्रोत है ।

फ्यूल सेल परमपरागत बैटरियों से किस प्रकार अलग हैं ?–

परमपरागत बैटरियों को चार्ज करके उसमें एनर्जी स्टोर कर सकते हैं, लेकिन इसकी एक सीमा है । फ्यूल सेल तब तक इलेक्ट्रिक एनर्जी जनरेट कर सकते हैं जब तक ईंधन (हाइड्रोजन) और ऑक्सीज़न की आपूर्ति होती रहती है । इसका फायदा भी यही है कि आप टैंक में भरे ईंधन से इसको चला सकते हैं, इसे रुककर चार्ज करने की जरूरत नहीं होगी । यह कम जगह घेरती है और इससे गैसों के बजाय पानी का उत्सर्जन होता है । यह टेक्नोलोजी 65 – 75 डिग्री सेल्सियस तापमान पर भी काम करती है, जो वाहन चलाने के वक्त पैदा होने वाली गर्मी को सह सकती है । इससे गाड़ियों की रेंज 500 किमी से अधिक बढ़ाई जा सकती है । फ्यूल सेल कई एप्लिकेशन में एनर्जी सप्लाई के लिए उपयुक्त हैं । इनमें ट्रांसपोर्टेशन/ इंडस्ट्रियल/कमर्शियल/रेसिडेंशियल बिल्डिंग और रिवर्सिबल सिस्टम में लॉन्ग – टर्म ग्रिड - बेस्ड एनर्जी स्टोरेज शामिल है ।

30

विद्युत दुर्घटनाएँ रोकने के उपाय -

विद्युत दुर्घटनाएँ रोकने के उपाय –

बिजली से छेड़छाड़ करना खतरनाक है तथा जानलेवा हो सकता है, बिजली के तारों, उपकरणों, मीटरों इत्यादि से दूर रहें ।

बिजली के तार के टूटकर गिरने की जानकारी समीस्थ विद्युत स्टाफ को शीघ्र देवें । स्वयं उसमे हाथ न लगाएँ और किसी व्यक्ति को निगरानी हेतु नियुक्त करें ।

टूटे तार को या उनसे चिपके प्राणियों को सुखी लकड़ी/बांस से अलग करें । नंगे हाथ लगाना जानलेवा हो सकता है ।

सावधान! बिजली चोरी हेतु विद्युत तारों से छेड़छाड़ न करें इससे जान जा सकती है ।

गीले हाथ से बिजली चालू/बंद न करें ।

विद्युत लाइनों के नीचे किसी प्रकार की फसल/भूसे/घास के ढेर न लगावें । बिजली की चिंगारी से आग लग सकती है ।

विद्युत लाइनों के नीचे होली न जलावें, तार गलकर टूट सकते हैं ।

विद्युत लाइनों के नीचे से ऊंचे लदान वाली गाड़ी/ट्रेक्टर ट्राली न निकालें ।

विद्युत लाइनों के समीप फलदार पेड़ों पर न चढ़ें ।

विद्युत लाइनों पर फसी पतंग निकालने से बच्चों को रोकें ।

बिजली के खंभों, स्टे वायर से जानवर न बाँधें । न ही किसी अन्य कारी के लिए इसका उपयोग करें ।

घरों में बिजली फिटिंग का कार्य योग्य और अधिकृत मिस्त्री से ही कराएं ।

किसी व्यक्ति को करेंट लगाने पर तुरंत निम्न उपचार करें –

अ – सबसे पहले मैन स्विच बंद कर दें । ब – स्विच न होने पर प्लास्टिक के जूते पहनकर व्यक्ति को सूखे बांस/लकड़ी की मदद से तारों से अलग करें, एक पल की देरी भी घातक हो सकती है । स – व्यक्ति को सुखी जमीन या सूखे फर्श पर लिटाकर कृत्रिम सांस

दें एवं तुरंत डाक्टर के पास/अस्पताल ले जाएँ आपकी संयमपूर्ण त्वरित कार्यवाही अमूल्य जीवन बचाएगी ।

31

कैसे करें ऊर्जाखपत (गणना) बचत का आंकलन

-

कैसे करें ऊर्जाखपत (गणना) बचत का आंकलन -

कृपया ध्यान (याद) रखें , इन आकड़ों को मार्गदर्शी सिद्धांतों के रूप में ही प्रयोग किया जा सकता है, क्योंकि वाटेजकी रेटिंग अलग – अलग मोडलों में अलग– अलग होती है .

स क्र , उपकरण का नाम , क्षमता(वाट में), एक यूनिट खपत (एक किलोवाट आवर) उपयोग करने का समय (घंटामें)

1- एलीडी 8 वाट/9 वाट 125 घंटा/111.11 घंटा

2- एलीडी 10 वाट 100 घंटा

3- एलीडी 12 वाट/15 वाट 83.33 घंटा/66.67 घंटा

4 - एलीडी 20 वाट/25 वाट 50 घंटा/40 घंटा

5- वाटर प्यूरीफायर 25 वाट 40 घंटा

6 - बल्व 100 वाट/200 वाट 10 घंटा/5 घंटा

7- बल्व 250 वाट/500 वाट 4 घंटा/2 घंटा

8- कम्प्यूटर 100 वाट/150 वाट 10 घंटा/6.67 घंटा

9- गीजर 2000 वाट/3000 वाट ½घंटा/0.33 घंटा

10- पखा/बल्व 60 वाट 16.67 घंटा

11- कूलर 200 वाट/250 वाट 5 घंटा/4 घंटा

12- प्रेस(आयरन) 750 वाट/1000 वाट 1.33 घंटा/1 घंटा

13- वाशिंग मशीन 500 वाट/1000 वाट 2 घंटा/1 घंटा

14- टीवी 120 वाट/150 वाट 8.33 घंटा/6.67 घंटा

15- टुल्लू पम्प 750 वाट 1.33 घंटा

16 - टुल्लू पम्प 1000 वाट/2000 वाट 1 घंटा/½ घंटा
17- एसी 1 टन/ 1.5 टन 1500वाट/2250 वाट 0.67 घंटा/0.44 घंटा

32

विद्युत् व्यवस्था - कम पावर फैक्टर (पीएफ) से नुकसान -

विद्युत् व्यवस्था – कम पावर फैक्टर (पीएफ) से नुकसान –

विवरण - 100 किलोवाट मोटर - एलटी करेंट एम्पीयर

पावर फैक्टर 1.0 100 केवीए 133 एम्पीयर

पावर फैक्टर 0.9 111 केवीए 148 एम्पीयर

पावर फैक्टर 0.8 125 केवीए 166 एम्पीयर

पावर फैक्टर 0.7 143 केवीए 190 एम्पीयर

पावर फैक्टर 0.6 167 केवीए 222 एम्पीयर

पावर फैक्टर 0.5 200 केवीए 266 एम्पीयर

उपरोक्त तालिका से स्पष्ट है कि सामान किलोवाट मोटर (हॉर्स पावर) – जैसे – जैसे पावर फैक्टर कम होता है केवीए कैपेसिटी बढ़ जाती है और उसके अनुरूप मोटर करेंट बढ़ता जाता जाता है जिससे बिल अधिक बनता है .

लेखक परिचय –

लेखक परिचय

रनवीर सिंह (तोमर) आत्मज स्व. श्री दिलीप सिंह

जन्म – 02 जुलाई 1955

जन्म स्थान - गांव - नगला भूप सिंह, डाकघर - पिसावा, जिला अलीगढ़, उत्तर प्रदेश 202155

शिक्षा – बी. एस सी. इंजीनियरिंग (इलेक्ट्रिकल) अलीगढ़ मुस्लिम यूनिवर्सिटी अलीगढ़ उ.प्र. (1978)

सेवा – मध्य प्रदेश विद्युत मंडल (1979 से 2015), 36 वर्ष, सेवानिवृत्त - अति. मुख्य अभियन्ता

वर्तमान – फेकल्टी मेम्बर पावर डिस्ट्रीब्यूशन ट्रेनिंग सेंटर भोपाल .

वर्तमान निवास – मकान न. डुप्लेक्स - 11, कुटुम्ब अपार्टमेंट बलवन्त नगर, यूनिवर्सिटी रोड ठाठीपुर, ग्वालियर म.प्र. 474002

अभिरुचि – पुस्तक अध्ययन, इलेक्ट्रिकल विषयों पर लेक्चर देना, सामाजिक गतिविधियाँ, वृक्षारोपण कार्य आदि

अणु डाक – er.rsingh55@gmail.com , चलित दूरभाष +91 9425137463 .